ÉMILE ALCINDOR

DOCTEUR EN DROIT

INSPECTEUR GÉNÉRAL ADJOINT DES SERVICES ADMINISTRATIFS

—

...TIONS DIVERSES

D'ADMINISTRATION PÉNITENTIAIRE

MONTPELLIER

SOCIÉTÉ ANONYME DE L'IMPRIMERIE GÉNÉRALE DU MIDI

8, Boulevard Victor Hugo

—

1909

ÉMILE ALCINDOR

DOCTEUR EN DROIT

INSPECTEUR GÉNÉRAL ADJOINT DES SERVICES ADMINISTRATIFS

QUESTIONS DIVERSES

D'ADMINISTRATION PÉNITENTIAIRE

MONTPELLIER

SOCIÉTÉ ANONYME DE L'IMPRIMERIE GÉNÉRALE DU MIDI

8, Boulevard Victor-Hugo

1909

QUESTIONS DIVERSES D'ADMINISTRATION PÉNITENTIAIRE

Les *Questions diverses d'Administration péniten-tiaire* sont extraites du rapport d'ensemble (1) de la tournée de 1908 adressé au Ministre de l'Intérieur par le Comité des Inspecteurs généraux des services admi-nistratifs.

Ce rapport d'ensemble se compose de cinq parties correspondant aux matières principales de la tournée. Chacune d'elles a été délibérée dans les conditions sui-vantes :

Sur le rapport de M. Constantin : Application de la loi du 14 juillet 1905 sur l'assistance obligatoire aux vieillards, aux infirmes et aux incurables ;

Sur le rapport de M Rondel : Mesures à prendre pour lutter contre la mortalité infantile ;

Sur le rapport de M. Bluzet : Application de la loi du 15 février 1902 sur la protection de la santé publi-que ;

Sur le rapport de M. Alcindor: Questions diverses d'administration pénitentiaire ;

Sur le rapport de M. Imbert: Circulaires et statisti-ques adressées et demandées par l'Administration cen-trale aux préfectures.

---

(1) *Journal Officiel,* 2 août 1909. Annexes. Pages 833 à 872.

AVANT-PROPOS

———

Les rapports spéciaux ont exposé ce que pouvait avoir de défectueux le fonctionnement particulier de chacun des établissements pénitentiaires et ont signalé les améliorations nécessaires, mais ils n'ont pu, que de façon incidente, appeler l'attention sur les problèmes généraux d'organisation que posent à la fois l'état actuel de nos prisons départementales et la teneur de certaines dispositions légales ou réglementaires qui leur sont applicables. Le comité des inspecteurs généraux, saisi des résultats de la tournée de 1908, dans les conditions prévues à l'article 5 du décret organique du 20 décembre 1907, a cru devoir limiter aux prisons départementales les conclusions qu'il a l'honneur de vous présenter.

———

PREMIÈRE PARTIE

BÂTIMENTS PENITENTIAIRES

Le grief le plus sérieux que l'on peut relever contre notre organisation pénitentiaire tient à la variété extrême des locaux affectés aux prisons départementales et à l'impossibilité d'aménager normalement la plupart d'entre eux. En dépit des lois de 1875 et 1893, on ne trouve dans beaucoup d'arrondissements d'autres prisons que les bâtiments concédés pour cet usage aux départements en vertu du décret du 8 avril 1811. Des tours déjà déclassées à cette époque ou des couvents qui n'avaient pu trouver d'acquéreurs lors de l'aliénation des biens nationaux ne sauraient être améliorés utilement ni au point de vue de l'hygiène, ni au point de vue du régime pénitentiaire.

Sans doute, comme on l'a trop souvent répété, l'amendement du délinquant n'est pas une question d'architecture. Mais la discipline uniforme, comme la garde efficace du détenu, exige des conditions matérielles que ne présentent pas les immeubles abandonnés aux départements pour servir de prisons. La loi de 1875 a proclamé la nécessité de constructions appropriées à la détention des condamnés à l'emprisonnement. Les nombreuses prisons défectueuses qui ont survécu ont imposé une fâcheuse variété dans l'exécution d'une peine qui a un caractère unique dans le Code pénal.

De tous temps, l'inspection générale a relevé ces imperfections, et c'est en s'appuyant sur ces constatations que l'on a pu dire que si, en matière pénitentiaire « la France avait un régime, elle n'avait pas de système » (1) et que, dans l'application des peines, « le régime de fait était singulièrement différent du régime légal » (2).

Cette formule, malgré la généralité de ses termes, traduit assez exactement la réalité si on a soin d'en limiter l'application aux seules maisons départementales. Pour ces établissements, les constatations faites ont une portée sociale considérable étant donné la diversité des causes de la détention subie par les individus qui y sont renfermés.

A ce dernier point de vue, en effet, les prisons départementales se distinguent nettement des autres établissements pénitentiaires dépendant du ministère de l'Intérieur qui, tous, sont affectés à des spécialités bien déterminées.

Les maisons centrales sont réservées aux civils condamnés à de longues peines : emprisonnement excédant un an, réclusion, détention, parfois même travaux forcés (quand ils doivent être subis sur le territoire métropolitain). Exceptionnellement, en vertu de l'article 3 de l'arrêté du 2 janvier 1859, pris en exécution du décret du 21 juin 1858 et de la loi du 4 juin 1858, les

---

(1) Commission du budget. Exercice 1888. Rapport du premier rapporteur du budget spécial de l'administration pénitentiaire. (M. Millerand.)

(2) Commission du budget. — Exercice 1899. — Rapport de M. Pierre Baudin.

marins, non militaires (1), condamnés à un emprisonnement excédant une année y sont reçus ainsi que les
militaires (2) condamnés par ces conseils de guerre à
l'une des peines infamantes énumérées à l'article 189
du Code de justice militaire, et entraînant par elles-
mêmes exclusion de l'armée (travaux forcés, déporta-
tion, détention, réclusion, bannissement).

Les colonies publiques de jeunes détenus reçoivent
seulement des mineurs auteurs de délits ou de crimes,
acquittés en vertu de l'article 66 du Code pénal, comme
ayant agi sans discernement, ou des mineurs condamnés
à un emprisonnement excédant six mois.

Les maisons pénitentiaires de jeunes filles reçoivent
les mineures placées dans la même situation pénale et
celles qui sont détenues par voie de correction paternelle, ou condamnées à un emprisonnement de moins de
six mois.

Le dépôt de forçats et de relégués de Saint-Martin-
de-Ré détient, ainsi que son nom l'indique, des condam-

---

(1) Les militaires des corps de troupe de la marine, condamnés dans les
mêmes conditions à un emprisonnement excédant une année, subissent leur
peine dans un pénitencier militaire. (Arrêté du 2 janvier 1859, art. 2. —
Décret du 21 juin 1858. — Loi du 4 juin 1858, art. 253, alinéa final.)

(2) Les militaires, condamnés seulement aux travaux publics ou à l'emprisonnement subissent ces peines dans les établissements pénitentiaires militaires, alors même qu'ils auraient été rayés des contrôles de l'armée par
suite de destitution, d'annulation d'engagement, d'interdiction des droits civi-
ques et civils mentionnés à l'article 42 du Code pénal.

Il en est de même pour ceux qui, étant condamnés à l'emprisonnement ou
aux travaux publics, par des conseils de guerre, se trouvent, d'autre part,
exclus de l'armée en exécution de l'article 4 de la loi du 15 juillet 1889
(actuellement article 4 de la loi du 21 mars 1905) comme ayant encouru la
relégation (circulaire du 15 juin 1893).

nés appelés à quitter prochainement la métropole pour la Guyane.

Enfin, plus de trois mille chambres et dépôts de sûreté départementaux (1) sont des lieux de passage, annexes des brigades de gendarmerie, où l'on enferme, souvent pour quelques heures à peine (2), les personnes arrêtées, avant de les conduire à destination.

Dans les prisons départementales, il en est tout différemment. Par suite de nécessités de fait, il semble que l'administration a été amenée à y réunir tous les détenus qui ne pouvaient être classés dans les établissements que nous venons d'énumérer. Le caractère de spécialité que le législateur, fidèle à sa manière de voir, avait voulu leur assigner, n'a pu être conservé.

Les dispositions du Code d'instruction criminelle et du Code pénal étaient, en effet, très nettes, dans le sens de la spécialisation. « Indépendamment des prisons établies pour peines, il y aura, dit l'article 603 du Code d'instruction criminelle, dans chaque arrondissement, près du tribunal de première instance, une maison d'arrêt pour y retenir les prévenus ; et près de chaque cour d'assises, une maison de justice pour y retenir ceux contre lesquels il aurait été rendu une ordonnance de prise de corps », et l'article 604 ajoute expressément : « Les maisons d'arrêt et de justice seront *entièrement distinctes* des maisons établies pour peines. » Par ailleurs, l'ar-

---

(1) Au 31 décembre 1906, exactement 3.291 se subdivisant en 3.243 chambres et 48 dépôts.

(2) Pour 56.327 entrées et 56.270 sorties, il n'y a eu que 59.528 journées de détention.

ticle 40 du Code pénal dispose : « Quiconque aura été condamné à la peine d'emprisonnement sera enfermé dans une maison de correction... La durée de cette peine sera au moins de six jours, et de cinq années au plus. »

Si l'on combine ce dernier texte avec l'article 2 du décret du 6 juin 1810 sur les maisons centrales, et l'article 1er de l'ordonnance royale du 2 avril 1817, modifiés tous deux par l'ordonnance du 6 juin 1830, on arrive à cette conclusion que deux et peut-être trois catégories de prisons départementales auraient dû être établies : des maisons de correction pour les condamnés de six jours à un an de prison, le nombre de ces maisons n'étant pas déterminé par la loi, mais laissé à l'appréciation de l'administration, qui l'aurait fixé d'après les besoins — des maisons d'arrêt au nombre de 359 pour les prévenus, c'est-à-dire pour des personnes présumées coupables et contre lesquelles a été lancé un mandat judiciaire — des maisons de justice, au nombre de 87, pour les accusés, c'est-à-dire pour les personnes renvoyées pour crime devant la cour d'assises par la chambre des mises en accusation.

Malheureusement, ces prescriptions légales étaient d'une exécution en quelque sorte impossible. Ainsi, les maisons de justice ne peuvent pratiquement être séparées des maisons d'arrêt. La cour d'assises n'a pas de siège fixé par la loi. Si, habituellement, elle se réunit au chef-lieu du département, elle peut (art. 259 du Code d'instruction criminelle) être tenue en une autre ville. Construire, par département, une maison de justice proprement dite, serait, en quelque sorte, empêcher la cour d'appel d'user du droit de décision que lui confère l'article 259. Dans les Ardennes, le tribunal de l'arrondissement de Mézières siège à Charleville, où se trouve une maison d'arrêt ou de correction ; la cour d'assises continue à se réunir à Mézières, où il a fallu construire une maison de justice qui deviendra inutile le jour où le siège ordinaire de la cour d'assises sera enfin transféré du chef-lieu administratif au chef-lieu judiciaire.

L'arrêté ministériel du 20 octobre 1811, en son article 5, tenant compte de cette situation et des charges financières qu'aurait entraînées l'exécution stricte des diverses dispositions précitées, autorisa la réunion, dans la même enceinte, des maisons d'arrêt et de justice, toutes les fois « que l'édifice présentera, par son étendue, le moyen d'affecter à chacune de ces maisons un corps de bâtiment séparé », et la circulaire du 20 octobre 1813 (1), interprétant cet article, étendait l'autorisation aux prisons pour peines : « L'expérience a prouvé qu'il n'était pas nécessaire de construire dans chaque département des maisons de correction. L'on ne doit s'occuper des maisons de cette nature que lorsque le besoin en aurait été constaté, et que les maisons d'arrêt et de justice auraient été reconnues insuffisantes pour recevoir dans un quartier séparé les condamnés à moins d'un an. »

Ce n'est guère que dans de très grandes villes, Paris, Lyon, Marseille, Versailles, que des immeubles différents ont continué à être affectés aux maisons de correction et aux maisons d'arrêt.

(1) V. page 30, note 1.

Les nécessités de surveillance ont également fait disparaître les maisons de dépôt municipales, prévues par le décret du 18 juin 1811. La chambre de sûreté des casernes de gendarmerie les a remplacées. Bordeaux en possède encore comme établissement pour l'exécution des emprisonnements de simple police.

La plupart des prisons départementales ont donc le triple caractère de maisons d'arrêt, de justice et de correction.

Mais les prisons départementales, sous le vocable administratif de maisons de courtes peines, contiennent bien d'autres catégories de détenus :

On peut y trouver également de simples inculpés, c'est-à-dire des individus qui ne sont encore l'objet d'aucune poursuite, mais contre lesquels a été décerné un mandat d'amener destiné à les contraindre — au besoin par la force — à se rendre, pour être interrogés, au cabinet du juge d'instruction. A leur égard, les prisons départementales jouent le rôle des maisons de dépôt, que le Code pénal prévoyait (Art. 120 du Code pénal. Décret du 18 juin 1811.) C'est là qu'ils restent *sous la main de justice* (art. 45 du Code d'instruction criminelle). Ils ne peuvent y séjourner plus de vingt-quatre heures en cette qualité. Ils sont, en effet, à la suite de l'interrogatoire qu'ils doivent subir au cours de cette première journée (article 93 du Code d'instruction criminelle), soit mis en liberté, soit placés sous mandat de dépôt ou d'arrêt.

La légalité de l'internement des inculpés dans les prisons départementales a été souvent contestée et on s'était demandé si le gardien-chef ne s'exposait pas à des poursuites pour séquestration arbitraire, en vertu de l'article 609 du Code d'instruction criminelle, ainsi conçu : « Nul gardien ne pourra, à peine d'être poursuivi et puni comme coupable de détention arbitraire, recevoir ni retenir aucune personne qu'en vertu, soit d'un mandat de dépôt, soit d'un mandat d'arrêt décerné dans les formes prescrites par la loi, soit d'un arrêt de renvoi devant une cour d'assises, d'un décret d'accusation ou d'un arrêt ou jugement de condamnation à peine afflictive ou à un emprisonnement et sans que la transcription en ait été faite sur son registre. » Dans la pratique, les inculpés sont écroués non comme prisonniers, mais au titre de passagers, suivant l'indication donnée dès 1845 par un inspecteur général, Moreau-Christophe, qui s'exprime ainsi : « L'inculpé, en état de mandat d'amener, doit rester sous la main de justice... dans la maison de dépôt mentionnée dans l'article 120 du Code pénal et dans le décret du 18 juin 1811 et, à défaut de maison de dépôt municipale ou de canton, dans une chambre ou quartier de la maison d'arrêt qui en tient lieu. »

Cette pratique semble avoir été consacrée par des textes législatifs postérieurs au Code pénal. En présence de l'état de fait existant, la loi du 5 juin 1875 fixe les règles à appliquer aux inculpés détenus dans les prisons départementales et reconnaît ainsi implicitement le droit de l'administration de les y interner. De même, le nouvel article 93 du Code d'instruction criminelle dans la rédaction que la loi du 8 décembre

1897 a substituée au texte primitif, s'exprime ainsi : § 1 « Il (le juge d'instruction) interrogera... dans le cas de mandat d'amener, dans les vingt-quatre heures au plus tard de l'entrée de l'inculpé dans la maison de dépôt ou d'arrêt »; § 4, « Tous gardiens-chefs de maisons de dépôt ou d'arrêt qui ne se seront pas conformés seront poursuivis. »

On peut y trouver aussi des condamnés à l'emprisonnement de simple police (1 à 5 jours) qui auraient dû subir leur emprisonnement dans des prisons spéciales dites geôles.

On peut y trouver des marins (1) non militaires condamnés par un tribunal ordinaire.

On peut y trouver encore des militaires, des marins ou des civils, adultes ou mineurs, individus destinés aux prisons de la guerre, de la marine ou des établissements pénitentiaires du ministère de l'Intérieur autres que les maisons départementales, et qui, soit comme évadés à réintégrer, soit comme prévenus ou condamnés ayant à se rendre à l'instruction, à l'appel ou en témoignage, à faire constater leur identité, faire opposition à un jugement de défaut, ou à être transférés par toute autre cause, sont placés, à titre de passagers, dans la prison départementale.

On peut y trouver également des enfants du sexe mas-

---

(1) Ceux dont la condamnation est supérieure à deux mois et inférieure à un an, la subissent dans la prison du chef-lieu de l'arrondissement maritime comprenant dans son ressort le département où aura siégé le tribunal (arrêté du 2 janvier 1859, art. 1ᵉʳ).

Ceux condamnés à un emprisonnement inférieur à deux mois subissent leur peine dans la prison située dans la ville où siège le tribunal (arrêté du 2 janvier 1859, art. 4).

culin condamnés à un emprisonnement n'excédant pas six mois ou envoyés par leur famille en correction.

On peut y trouver des dettiers qui, en vertu des décisions judiciaires, ont à subir la contrainte par corps.

On peut y trouver des libérés maintenus administrativement, notamment des relégués dont le départ est ajourné ;

Des relégués dispensés définitivement de la rélégation ;

Des mendiants qui, à l'expiration de peine, attendent leur départ pour le dépôt de mendicité ;

Des individus qui ont bénéficié de l'article 64 du Code pénal à raison de leur état mental et dont l'admission dans un établissement spécial d'assistance n'a pu encore être prononcée ;

Des étrangers, dont la peine est expirée ou qui ont bénéficié d'une ordonnance de non-lieu, attendant leur expulsion ou leur extradition.

On peut y trouver encore, comme étrangers :

1° Des marins déserteurs, qui, en vertu de traités internationaux, et pour un laps de temps maximum déterminé par lesdits traités sont incarcérés à la requête de leurs consuls;

2° Des individus auxquels il est fait application de la loi des 13-21 novembre 1849, et qui, au cours de l'exécution de l'arrêté d'expulsion, sont déposés dans une prison ;

On peut y trouver des condamnés à de longues peines (prison excédant un an — réclusion — détention — travaux forcés) qui attendent d'être transférés à leur destination pénale ;

On peut y trouver des nourrices ou des femmes en couches ayant à subir de longues peines d'emprisonnement, de réclusion ou de travaux forcés ;

On peut y trouver encore des condamnés à mort attendant qu'il soit statué sur leur recours en grâce.

Ces différentes catégories d'individus sont souvent réunies non seulement dans les maisons en commun, mais aussi dans les prisons cellulaires où l'effectif de la prison est supérieur au nombre des cellules. En 1881, un ancien directeur de l'administration pénitentiaire rappelait au conseil supérieur des prisons que, « dans une maison départementale, il avait vu un condamné pour délit forestier, subir sa peine à côté d'un forçat qui attendait son transfèrement ». Au cours de la dernière tournée, des anomalies aussi regrettables ont été constatées: dans une importante prison du département du Nord, pour satisfaire le juge d'instruction qui désirait la séparation de divers prévenus, inculpés de complicité, on avait dû placer l'un d'eux au milieu des condamnés de toute origine. Dans une ville industrielle du centre, un même local contenait prévenus, condamnés à de courtes peines et relégables. Des faits analogues ont été relevés dans certaines prisons cellulaires de l'Est et de l'Ouest.

§ I. — MAISONS EN COMMUN

Le rapport d'ensemble de l'inspection générale de 1904 a rappelé les causes historiques qui expliquent la variété des prisons en commun et leurs défectuosités ; il serait superflu d'y revenir. Mais il est une constatation capitale, dont on trouve l'écho dans presque tous les rapports spéciaux : c'est que l'état défectueux des prisons en commun s'aggrave d'année en année. Ce phénomène n'a d'ailleurs rien d'imprévu. C'est une conséquence de la loi du 5 juin 1875. Depuis la mise en vigueur de cette loi, c'est-à-dire depuis trente ans, « aucune reconstruction ou appropriation ne peut, aux termes de l'article 6, avoir lieu qu'en vertu de l'application du régime cellulaire ». Les améliorations nécessaires ne peuvent donc être opérées que si les locaux se prêtent à la transformation de la maison. Les réparations les plus utiles et les plus urgentes doivent être négligées la plupart du temps, car elles n'auraient pour résultat que de consolider un état de choses considéré comme défectueux.

L'inspection générale avait proposé, dès 1876, de distinguer les prisons à reconstruire des prisons à approprier. Ces dernières se subdiviseraient en deux classes : celles qui pourraient être complètement transformées et celles qui pourraient l'être en partie, c'est-à-dire offrir un quartier cellulaire pour les prévenus par exemple, et l'emprisonnement en commun pour certains condamnés à de très courtes peines, les autres devant être centralisés ailleurs.

Cette solution, qui permettait d'aller vite et de limiter les dépenses au minimum, a été écartée. On s'imaginait alors, bien à tort d'ailleurs, que les gardiens avaient peu de sympathie pour le régime cellulaire, et l'on craignait qu'ils ne fussent incités à utiliser presque exclusivement le quartier en commun. L'expérience a montré que cette opinion n'était pas fondée, et plus tard, trop tard malheureusement pour qu'on en pût tirer tous les avantages pratiques, le Parlement a consenti à la juxtaposition du quartier cellulaire et du quartier en commun ; la loi du 15 juin 1893 a autorisé la création de quartiers de désencombrement. Ces quartiers sont installés dans les prisons cellulaires neuves, dont le prix, ainsi qu'il sera indiqué plus loin, est des plus élevés.

*
* *

Le nombre des maisons qui peuvent être transformées est peu considérable. Sur les 313 prisons en commun qui existaient en 1908, l'inspection générale estime qu'il n'y en a guère qu'une quarantaine qui, à la rigueur, soient susceptibles d'une adaptation. La plupart d'entre elles ont été construites sous le régime de la circulaire de 1836. Quelques-unes seraient insuffisantes après la transformation.

Liste des prisons transformables

AIN. — Belley, Gex, Nantua.

AISNE. — Château-Thierry, Saint-Quentin.

ALPES-MARITIMES. — Grasse (1).

ARDENNES. — Rethel.

AUBE. — Troyes (1), Arcy-sur-Aube, Bar-sur-Aube, Bar-sur-Seine.

AUDE. — Limoux.

AVEYRON. — Espalion, Villefranche.

CANTAL. — Aurillac, Saint-Flour.

COTE-D'OR. — Beaune.

(1) Une prison cellulaire est en construction.

Cotes-du-Nord. — Guingamp.

Corrèze. — Ussel.

Dordogne. — Périgueux.

Gironde. — Libourne.

Hérault. — Lodève, Saint-Pons, Montpellier.

Isère. — Bourgoin, Saint-Marcellin.

Loire-Inférieure. — Nantes.

Lot-et-Garonne. — Nérac.

Lozère. — Marvéjols.

Puy-de-Dome. — Ambert.

Hautes-Pyrénées. — Bagnères.

Saone-et-Loire. — Louhans.

Savoie. — Saint-Jean-de-Maurienne.

Somme. — Abbeville, Montdidier.

Tarn. — Castres, Gaillac, Lavaur.

Var. — Brignoles.

Vaucluse. — Avignon.

Vosges. — Remiremont.

Yonne. — Auxerre.

*
* *

Pour toutes les autres prisons, la reconstruction s'impose. Elles sont, pour la plupart, installées dans des immeubles concédés par le décret de 1811.

Liste des prisons intransformables

Ain. — Bourg, Trévoux.

Aisne. — Laon, Soissons (1), Vervins.

Allier. — Moulins, Cusset, Gannat, Montluçon.

Basses-Alpes. — Digne, Barcelonnette, Castellane, Sisteron.

Hautes-Alpes. — Gap, Briançon, Embrun.

Ardèche. — Privas, Largentière, Tournon.

(1) Une prison cellulaire est en construction.

ARDENNES. — Mézières (1), Charleville (2), Rocroy, Sedan, Vou-ers.

ARIÈGE. — Pamiers, Saint-Girons.

AUBE. — Nogent-sur-Seine.

AUDE. — Castelnaudary, Narbonne.

AVEYRON. — Rodez, Millau, Saint-Affrique.

BOUCHES-DU-RHONE. — Aix, Marseille (1) : 1° les Présentines, Chaves, 3° Saint-Pierre; Tarascon.

CALVADOS. — Bayeux, Falaise, Lisieux (2), Pont-Lévêque, Vire.

CANTAL. — Mauriac, Murat.

CHARENTE. — Angoulême, Cognac, Confolens.

CHARENTE-INFÉRIEURE. — La Rochelle (1), Jonzac, Marennes, ochefort, Saintes, Saint-Jean-d'Angély.

CHER. — Saint-Amand, Sancerre.

CORRÈZE. — Tulle, Brive (2).

CORSE. — Ajaccio, Bastia, Calvi, Sartène.

COTE-D'OR. — Châtillon-sur-Seine, Semur.

COTES-DU-NORD. — Saint-Brieuc (1), Lannion, Loudéac.

CREUSE. — Guéret, Aubusson, Bourganeuf, Chambon.

DORDOGNE. — Périgueux, Bergerac, Nontron, Ribérac.

DOUBS. — Beaume-les-Dames, Montbéliard, Pontarlier.

DROME. — Valence (1), Montélimar, Die (3).

EURE. — Evreux (4), les Andelys, Bernay, Louviers, Pont-Au-mer.

EURE-ET-LOIR. — Chartres, Châteaudun, Dreux, Nogent-le-Ro-ou.

FINISTÈRE. — Quimper (1) (Arrêt), Quimper (1) (Justice), est (1), Châteaulin, Morlaix (1), Quimperlé.

GARD. — Nimes, Alais, Uzès, le Vigan.

HAUTE-GARONNE. — Muret, Toulouse, Villefranche.

GERS. — Auch, Condom, Lectoure, Lombez, Mirande.

1) Un projet de construction de prison cellulaire est à l'instruction.
2) Une prison cellulaire est en construction.
3) Une prison cellulaire a été construite, mais elle n'est pas encore reçue.
4) Reconstruite en 1909.

GIRONDE. — Bordeaux, Bazas, Blaye, Lesparre, la Réole.

HÉRAULT. — Béziers.

ILLE-ET-VILAINE. — Fougères, Montfort, Redon, Saint-Malo.

INDRE. — Châteauroux, Issoudun (1), la Châtre, le Blanc.

INDRE-ET-LOIRE. — Chinon, Loches.

ISÈRE. — Grenoble, Vienne.

JURA. — Lons-le-Saulnier, Arbois, Dôle, Saint-Claude (2).

LANDES. — Mont-de-Marsan, Dax, Saint-Sever.

LOIR-ET-CHER. — Blois, Romorantin, Vendôme.

LOIRE. — Montbrison, Roanne.

HAUTE-LOIRE. — Brioude, Yssingeaux.

LOIRE-INFÉRIEURE. — Ancenis, Châteaubriant, Paimbœuf, Saint-Nazaire.

LOIRET. — Gien, Montargis, Pithiviers.

LOT. — Cahors, Figeac (1), Gourdon (1).

LOT-ET-GARONNE. — Agen, Marmande, Villeneuve.

LOZÈRE. — Florac.

MAINE-ET-LOIRE. — Baugé, Cholet, Saumur, Segré.

MANCHE. — Saint-Lô, Avranches (2), Cherbourg, Coutances, Mortain, Valognes.

HAUTE-MARNE. — Langres.

MAYENNE. — Château-Gontier, Mayenne.

MEURTHE-ET-MOSELLE. — Nancy, Briey (2), Lunéville, Toul.

MEUSE. — Bar-le-Duc, Montmédy, Saint-Mihiel, Verdun.

MORBIHAN. — Vannes, Lorient, Ploërmel, Pontivy.

NIÈVRE. — Nevers, Château-Chinon, Clamecy, Cosne.

NORD. — Avesnes, Cambrai, Dunkerque, Lille, Hazebrouck, Valenciennes.

OISE. — Beauvais, Clermont, Compiègne, Senlis.

ORNE. — Alençon, Argentan, Domfront, Mortagne.

PAS-DE-CALAIS. — Arras, Montreuil, Saint-Omer, Saint-Pol.

PUY-DE-DOME. — Clermont-Ferrand, Issoire, Riom, Thiers.

(1) Un projet de construction de prison cellulaire est à l'instruction.
(2) Une prison cellulaire est en construction.

PYRÉNÉES (BASSES-). — Pau, Oloron, Orthez, Saint-Palais.

PYRÉNÉES (HAUTES-). — Lourdes.

PYRÉNÉES-ORIENTALES. — Perpignan, Céret, Prades.

RHIN (HAUT-). — Belfort.

RHONE. — Villefranche.

SAONE (HAUTE-). — Vesoul (Arrêt), Vesoul (Correction), Gray, Lure.

SAONE-ET-LOIRE. — Mâcon, Autun, Chalon-sur-Saône, Charolles.

SARTHE. — Le Mans, la Flèche, Mamers, Saint-Calais.

SAVOIE. — Chambéry, Albertville (3), Moutiers.

SAVOIE (HAUTE-). — Annecy, Bonneville (1), Saint-Julien, Thonon (1).

SEINE-INFÉRIEURE. — Rouen, Dieppe, Le Havre (2), Neufchâtel, Yvetot.

SEINE-ET-MARNE. — Fontainebleau, Provins.

SEINE-ET-OISE. — Mantes.

SÈVRES (DEUX-). — Melle, Parthenay.

SOMME. — Doullens, Péronne.

TARN. — Albi.

TARN-ET-GARONNE. — Castelsarrasin, Moissac.

VAR. — Draguignan, Toulon (1).

VAUCLUSE. — Apt, Carpentras, Orange.

VENDÉE. — La Roche-sur-Yon (2).

VIENNE. — Châtellerault, Civray, Loudun, Montmorillon.

VIENNE (HAUTE-). — Limoges, Bellac, Rochechouart, St-Yrieix.

VOSGES. — Epinal (Arrêt) (1), Epinal (Correction), Mirecourt, Neufchâteau, Saint-Dié.

YONNE. — Avallon, Joigny, Sens, Tonnerre.

(1) Un projet de construction de prison cellulaire est à l'instruction.

(2) Une prison cellulaire est en construction.

(3) Il y a lieu de faire remarquer que la prison d'Albertville a été aménagée postérieurement à 1875, dans une partie de la maison centrale désaffectée.

Il est regrettable que l'administration n'ait pas saisi cette occasion pour établir une prison cellulaire, conformément aux prescriptions formelles de la loi de 1875.

En présence de cet état de choses, le comité estime que tous les efforts de l'administration doivent tendre à abréger la durée de la période pendant laquelle, à titre transitoire, coexistent des maisons en commun et des maisons cellulaires. Cette opinion s'inspire, non seulement de l'intérêt public et des principes les plus élémentaires de la science pénitentiaire, mais aussi du respect que l'on doit avoir pour certains droits des détenus.

La coexistence signalée conduit, en effet, à une première inégalité. Une peine de même durée comporte une détention plus ou moins longue, suivant la contrée : dans la Creuse, un an de prison c'est un an de prison ; dans la Marne, c'est seulement neuf mois, par la déduction du quart cellulaire (L. 1875, art. 4).

A cette inégalité, qu'on pourrait qualifier de quantitative, s'ajoutent des inégalités qualitatives. Le régime subi varie d'endroit en endroit. Ici, la mise en commun aggrave le sort des prévenus, soit moralement par les contacts qu'on leur impose, soit matériellement par l'interdiction de certains adoucissements, par exemple de l'usage du tabac. Nous pourrions citer telle prison de l'Ouest que les détenus, en souvenir du bon temps qu'ils y ont passé, ont baptisée du nom de l'ancien gardien-chef, l'*hôtel Guichard*. Et vraiment, quand on a visité cet établissement, dont les murs menacent de s'effondrer, qui présente partout des fissures par où le plus malhabile s'évaderait sans danger, qui reçoit à certains moments une population relativement importante et des plus mélangées (lors de l'inspection, s'y trouvaient vingt détenus, dont un relégable, réunis dans une cour), on hésite à blâmer sévèrement le gardien, isolé au milieu de tous ces détenus, qui s'essaie à rendre leur sort tolérable afin d'éviter des révoltes ou des évasions.

Dans une autre prison du centre, le logement du gardien-chef est au milieu des locaux de la détention; sa famille se trouve en contact avec les prisonniers affectés au service général.

Toute discipline, tout régime pénitentiaire sont impossibles dans la grande majorité de ces prisons.

Elles ne présentent aucune sécurité contre les évasions : elles facilitent les ententes, les correspondances secrètes. Elles vont à l'encontre du but assigné à la peine : celle-ci perd tout effet intimidant, et, par suite, toute efficacité. Elle est également dépourvue d'effet moralisateur. Bien plus, la mise en commun crée de véritables champs de culture pour la corruption : elle met des prévenus innocents, des dettiers, des condamnés primaires, des jeunes gens, à la merci d'influences délétères et les expose, après leur sortie, à des chantages auxquels ils ne pourront résister et qui risquent d'empêcher leur relèvement.

Certaines de ces vieilles prisons sont des plus malsaines. Y maintenir des détenus, c'est ajouter à la condamnation qu'ils subissent une peine autrement grave. Dans une prison de l'Ouest, l'unique salle qui est affectée aux détenus est inhabitable. Elle est à peine éclairée. L'humidité suinte par tous les murs. L'une des parois menace de s'effondrer et de vider dans la pièce

le contenu d'une fosse d'aisances dont le niveau est sur-
élevé. Et c'est là que, pendant la plus grande partie de
l'année, se tiennent les prisonniers. Aussi est-on obligé,
quand le temps le permet, de les faire travailler sur
le préau. Dans la même prison, en présence de l'insuffisance des dortoirs, on avait dû faire coucher un certain nombre d'hommes dans les locaux de l'infirmerie,
où se trouvait en traitement un galeux, au risque de
propager le mal dont ce dernier était atteint.

Dans beaucoup de ces prisons, il est un des éléments
essentiels de la peine qui manque pour tout ou partie :
le travail. Dans beaucoup d'arrondissements, les prisons étant placées près de tribunaux sans importance,
loin de tout centre industriel, et la population ne comp-
tant que quelques unités, procurer du travail aux détenus est difficile. Les entrepreneurs se donnent d'autant
moins la peine d'en chercher qu'ils trouvent dans les
circonstances de fait une excuse pour ne pas payer d'in-
demnité de chômage.

Mais, quelque intérêt qui s'attache à la transformation rapide de l'ensemble des prisons départementales
en maisons cellulaires, il faut convenir que les faits
ne s'accordent pas avec les nécessités pénitentiaires.

Lors de la tournée de 1903, il existait 45 prisons cellulaires (1). En 1908, le régime cellulaire fonctionnait
dans 58 prisons. En cinq ans, leur nombre s'est donc
accru de 13 unités : par an, nous avons ainsi une

(1) La liste en est donnée dans le rapport d'ensemble de 1904.

moyenne de deux prisons et demie qui se sont construites ou transformées. De ce pas, il faudrait plus d'un
siècle pour achever la mise en état des 315 prisons qui,
au 1ᵉʳ janvier 1908, étaient encore sous le régime commun.

A ce point de vue, l'échec des lois de 1875 et 1893 est
complet. Il est dû à des causes qui ont été mentionnées
dans le rapport d'ensemble de 1904; pour y remédier,
il faut une modification de la loi et un changement
dans les procédés de l'administration.

Les lois de 1875 et 1893 ont laissé aux conseils généraux le pouvoir de décider la transformation ou la reconstruction des prisons de leur département. Dans cette
matière, qui est au premier chef d'ordre général, l'ini-
tiative doit appartenir au Gouvernement qui est responsable de la marche des établissements pénitentiaires.
L'Etat resterait libre, soit de supporter l'intégralité de
la dépense, soit d'en faire supporter une quote-part au
département.

Depuis 1875, l'administration poursuit la transformation ou la reconstruction sur place des prisons existantes. Cette méthode doit être abandonnée. Les prisons nouvelles, établies en vue du régime cellulaire, doivent être des prisons interdépartementales, situées au
siège des cours d'appel ou dans les villes les plus importantes.

Cette solution se recommande pour des raisons d'ordre budgétaire et d'ordre pénitentiaire.

Il est trop certain que le problème pénitentiaire posé
par la loi de 1875 est avant tout d'ordre financier. Les

petites prisons entraînent des frais élevés, tant pour le fonctionnement que pour le premier établissement. Pour les dernières prisons cellulaires construites, on voit que, malgré les efforts faits, le coût de la cellule reste bien plus élevé dans les prisons d'effectif réduit que dans celles de grand effectif. Ainsi, à Forcalquier (1906) et Nyons (1904), qui comprennent respectivement 15 et 6 cellules,chaque cellule est revenue à 8,824 et 8,126 fr.(1). Par contre, à Reims (1902), qui compte 55 cellules, chacune d'elles a coûté 5,281 fr., et à Orléans (1896), où l'on a construit 108 cellules, le prix de l'unité s'est abaissé à 3,724 fr.

Il en est de même pour les prisons cellulaires dont la construction est sur le point d'être entreprise. Dans les projets soumis au conseil supérieur des prisons, le coût de la cellule était à Figeac (6 cellules), de 11,166 fr., et à Gourdon (4 cellules), de 12,404 fr. Il a été ramené à 7,444 francs pour Figeac et à 8,268 fr. à Gourdon par un aménagement différent qui permet de construire dans la première 9 et dans la seconde 6 cellules.

Devant l'élévation de ces prix, les conseils généraux hésitent ; l'administration elle-même est dans une situation fausse pour user vis-à-vis des départements des moyens d'action, d'ailleurs insuffisants, que les deux lois de 1875 et 1893 ont mis à sa disposition. Dans un

---

(1) Ces prix ne concordent pas avec ceux indiqués (6.309 fr. et 6.095 fr.) dans une publication officielle de l'administration pénitentiaire parue il y a déjà quelques années. A ce moment, on faisait, à tort, entrer en ligne de compte les cellules d'observation, de punition et d'infirmerie.

très grand nombre d'arrondissements, la disproportion est grande entre le résultat à atteindre et la dépense à effectuer. L'inutilité des prisons à reconstruire est visible pour tous. En 1908, environ 160 prisons contenaient moins de 10 détenus : dans certaines d'entre elles, au moment de l'inspection, on n'avait vu aucun détenu depuis plusieurs mois. Il n'y avait de présents que les agents pénitentiaires : le gardien-chef et la surveillante. On peut penser que les frais de reconstruction sont aussi superflus que ceux d'entretien et de personnel. Dans la Drôme, l'une des dernières prisons construites, celle de Nyons, a coûté 48,760 fr. : la population moyenne y est de deux hommes ; on y trouve rarement une femme.

D'ailleurs, le système des petites prisons d'arrondissement augmente les risques des variations de la population pénale. Là, une prison récemment construite peut devenir insuffisante alors qu'ici la plupart des cellules restent inoccupées.

Au point de vue pénitentiaire, la création des prisons interdépartementales est seule recommandable. Le travail, qui est d'ailleurs l'un des deux éléments de la peine, ne peut être pratiquement organisé que dans des prisons importantes. D'autre part, ainsi que l'a rappelé l'avis (1) du comité des inspecteurs généraux du 18 octobre 1907, sur les régimes gradués, un système péni-

(1) La centralisation dans les prisons cellulaires, conformément aux indications données dans le rapport d'ensemble de l'inspection générale (1904), ne saurait être trop recommandée pour l'extension de ce système aux prisons de courtes peines.

tentiaire rationnel, à la fois efficace et curatif, est impossible tant que des prisons interdépartementales n'auront pas été créées. Déjà le rapport d'ensemble de 1904, dont les conclusions ont été adoptées par la plupart des rapporteurs des budgets (1) de ces dernières années, avait émis la même opinion.

Le tableau ci-dessous montre quelle serait l'importance de chacune de ces prisons interdépartementales si on les construisait au siège des cours d'appel actuelles. On remarquera que, dans un certain nombre d'entre elles, le chiffre global des détenus serait encore minime.

POPULATION MOYENNE

Cour d'appel d'Agen

(93 hommes, 8 femmes)

Gers (26 hommes, 2 femmes)

	Hommes	Femmes
Auch	11	1
Condom	4	1
Lectoure	4	»
Lombez	4	»
Mirande	3	»
	26	2

Lot (17 hommes, 2 femmes)

	Hommes	Femmes
Cahors	10	1
Figeac (2)	4	1
Gourdon (2)	3	»
	17	2

(1) Les chiffres insérés proviennent de la statistique de 1906, récemment publiée.
(2) Projet de reconstruction.

Lot-et-Garonne (50 hommes, 4 femmes)

	Hommes	Femmes
Agen	30	2
Marmande	9	1
Nérac	4	»
Villeneuve	7	1
	50	4

Cellulaires existantes : Néant.

Cour d'appel d'Aix

(799 hommes, 71 femmes)

Basses-Alpes (15 hommes, 1 femme)

Digne	9	1
Barcelonnette	1	»
Castellane	2	»
Sisteron	3	»
	15	1

Alpes-Maritimes (1 homme, » femme)

Grasse (1)	1	»

Bouches-du-Rhône (632 hommes, 57 femmes)

Marseille (2), arrêt......................	192	47
Marseille (correction)	298	1
Aix	94	7
Tarascon	48	2
	632	57

(1) En voie de reconstruction.
(2) Projet de reconstruciton.

Var (151 hommes, 13 femmes)

	Hommes	Femmes
Draguignan	54	4
Brignoles	10	»
Toulon (1)	87	9
	151	13

Cellulaires existantes : 196 hommes, 22 femmes.

Basses-Alpes

Forcalquier	6	»

Alpes-Maritimes

Nice	190	22
	196	22

Cour d'appel d'Amiens

(364 hommes, 49 femmes)

Aisne (153 hommes, 24 femmes)

Laon	92	11
Château-Thierry	4	»
Saint-Quentin	28	9
Soissons (1)	13	2
Vervins	16	2
	153	24

Oise (154 hommes, 17 femmes)

Beauvais	84	11
Clermont	21	1
Compiègne	21	4
Senlis	28	1
	153	17

(1) Projet de reconstruction.

Somme (57 hommes, 8 femmes)

	Hommes	Femmes
Abbeville	27	4
Doullens	9	1
Montdidier	9	1
Péronne	12	2
	57	8

Cellulaires existantes : 138 hommes, 18 femmes.

Somme

Amiens	138	18

Cour d'appel d'Angers

(147 hommes, 17 femmes)

Maine-et-Loire (56 hommes, 4 femmes)

Beaugé	4	»
Cholet	31	1
Saumur	15	3
Segré	6	»
	56	4

Mayenne (14 hommes, 2 femmes)

Château-Gontier	8	1
Mayenne	6	1
	14	2

Sarthe (77 hommes, 11 femmes)

Le Mans	55	9
La Flèche	11	1
Mamers	6	1
Saint-Calais	5	»
	77	11

3

Cellulaires existantes : 106 hommes, 13 femmes.

Maien-et-Loire (85 hommes, 9 femmes)

	Hommes	Femmes
Angers	85	9

Mayenne (21 hommes, 4 femmes)

Laval	21	4
	106	13

Cour d'appel de Bastia
(94 hommes, 10 femmes)

Corse (94 hommes, 10 femmes)

Ajaccio	27	3
Bastia	50	5
Calvi	9	1
Sartène	8	1
	94	10

Cellulaires existantes : 19 hommes, 2 femmes.

Corse

Corte	19	2

Cour d'appel de Besançon
(155 hommes, 11 femmes)

Doubs (32 hommes, 3 femmes)

Beaume-les-Dames	7	1
Montbéliard	17	1
Pontarlier	8	1
	32	3

Jura (54 hommes, 4 femmes)

	Hommes	Femmes
Lons-le-Saulnier .	26	2
Arbois .	8	1
Dôle .	10	1
Saint-Claude (1)	10	»
	54	4

Haute-Saône (69 hommes, 4 femmes)

Vesoul (arrêt et justice)	9	1
Vesoul (correction)	30	1
Gray .	11	1
Lure .	19	1
	64	4

Cellulaires existantes : 101 hommes, 14 femmes.

Doubs

Besançon .	101	14

Cour d'appel de Bordeaux

(531 hommes, 39 femmes)

Charente (204 hommes, 4 femmes)

Angoulême .	195	3
Cognac .	8	1
Confolens .	1	»
	204	4

Dordogne (42 hommes, 3 femmes)

Périgueux .	22	2
Bergerac .	11	1
Nontron .	4	»
Ribérac .	5	»
	42	3

(1) En voie de reconstruction.

Gironde (285 hommes, 32 femmes)

	Hommes	Femmes
Bordeaux (Fort du Hâ)	244	28
Bazas	6	1
Blaye	7	1
Lesparre	5	»
Libourne	16	1
La Réole	7	1
	285	32

Cellulaires existantes : 35 hommes, 3 femmes.

Charente (13 hommes, 1 femme).

	Hommes	Femmes
Barbezieux	8	1
Ruffec	5	»

Dordogne (22 hommes, 2 femmes).

	Hommes	Femmes
Sarlat	22	2
	35	3

Cour d'appel de Bourges

(88 hommes, 8 femmes)

Cher (22 hommes, » femme)

	Hommes	Femmes
Saint-Amand	18	»
Sancerre	4	»
	22	»

Indre (34 hommes, 5 femmes)

	Hommes	Femmes
Châteauroux	25	4
Issoudun (1)	3	1
La Châtre	2	»
Le Blanc	4	»
	34	5

(1) Projet de reconstruction.

Nièvre (32 hommes, 3 femmes)

	Hommes	Femmes
Nevers	21	2
Château-Chinon	5	»
Clamecy	2	1
Cosne	4	»
	32	3

Cellulaires existantes : 55 hommes, 6 femmes.

Cher

Bourges	55	6

Cour d'appel de Caen

(224 hommes, 62 femmes)

Calvados (96 hommes, 24 femmes)

	Hommes	Femmes
Bayeux	14	5
Falaise	9	4
Lisieux (1)	32	6
Pont-Lévêque	26	5
Vire	15	4
	96	24

Manche (73 hommes, 28 femmes)

Saint-Lô	26	7
Avranches (1)	9	2
Cherbourg	16	13
Coutances	10	2
Mortain	5	1
Valognes	7	3
	73	28

(1) En voie de reconstruction.

Orne (55 hommes, 10 femmes)

	Hommes	Femmes
Alençon .	24	3
Argentan .	12	3
Domfront .	8	2
Mortagne .	11	2
	55	10

Cellulaires existantes : 137 hommes, 24 femmes.

Calvados

Caen .	137	24

Cour d'appel de Chambéry

(118 hommes, 9 femmes)

Savoie (58 hommes, 4 femmes)

Chambéry .	43	2
Albertville .	4	»
Moutiers .	4	1
Saint-Jean-de-Maurienne .	7	1
	58	4

Haute-Savoie (60 hommes, 5 femmes)

Annecy .	26	2
Bonneville (1)	13	»
Saint-Julien .	11	1
Thonon (1)	10	2
	60	5

Cellulaires existantes : Néant.

(1) Projet de reconstruction.

Cour d'appel de Dijon

(172 hommes, 18 femmes)

Côte d'Or (67 hommes, 10 femmes)

	Hommes	Femmes
Dijon (correction)	46	9
Beaune	11	1
Châtillon-sur-Seine	5	»
Semur	5	»
	67	10

Haute-Marne (7 hommes, 1 femme)

Langres	7	1

Saône-et-Loire (98 hommes, 7 femmes)

Mâcon	25	2
Autun	13	»
Chalon-sur-Saône	46	4
Charolles	8	1
Louhans	6	»
	98	7

Cellulaires existantes : 56 hommes, 8 femmes.

Côte-d'Or (25 hommes, 3 femmes)

Dijon, arrêt et justice.....................	25	3

Haute-Marne (31 hommes, 5 femmes)

Chaumont	24	4
Vassy	7	1
	56	8

Cour d'appel de Douai

(461 hommes. 87 femmes)

Nord (374 hommes, 76 femmes)

	Hommes	Femmes
Lille	161	43
Avesnes	51	13
Cambrai	26	3
Dunkerque	44	9
Hazebrouck	25	2
Valenciennes	67	6
	374	76

Pas-de-Calais (87 hommes, 11 femmes)

Arras	45	5
Montreuil	14	3
Saint-Omer	19	2
Saint-Pol	9	1
	87	11

Cellulaires existantes : 537 hommes, 50 femmes).

Nord (336 hommes, 20 femmes)

Douai	113	20
Loos	223	»

Pas-de-Calais (201 hommes, 30 femmes).

Béthune	134	23
Boulogne-sur-Mer	67	7
	537	50

Cour d'appel de Grenoble

(232 hommes, 18 femmes)

Hautes-Alpes (10 hommes, 1 femme)

	Hommes	Femmes
Gap	6	1
Briançon	2	»
Embrun	2	»
	10	1

Drôme (62 hommes, 4 femmes)

Valence (1)	48	4
Die (2)	5	»
Montélimar	9	»
	62	4

Isère (160 hommes, 13 femmes)

Grenoble	99	11
Bourgoin	23	1
Saint-Marcellin	15	»
Vienne	23	1
	160	13

Cellulaires existantes : 2 hommes, » femme.

Drôme

Nyons	2	»

Cour d'appel de Limoges

(60 hommes, 9 femmes)

Corrèze (16 hommes, 2 femmes)

Tulle	9	1
Brive (1)	6	1
Ussel	1	»
	16	2

(1) Projet de reconstruction.
(2) Reconstruite en 1909.

Creuse (15 hommes, 1 femme)

	Hommes	Femmes
Guéret	7	1
Aubusson	5	»
Bourganeuf	1	»
Chambon	2	»
	15	1

Haute-Vienne (29 hommes, 6 femmes)

Limoges	23	5
Bellac	3	1
Rochechouart	1	»
Saint-Yrieix	2	»
	29	6

Cour d'appel de Lyon
(144 hommes, 10 femmes)

Ain (61 hommes, 2 femmes)

Bourg	18	1
Belley	9	»
Gex	6	»
Nantua	8	1
Trévoux	20	»
	61	2

Loire (47 hommes, 6 femmes)

Montbrison	16	1
Roanne	31	5
	47	6

Rhône (113 hommes, 55 femmes)

Lyon (correction)	77	53
Villefranche	36	2
	113	55

Cellulaires existantes : 291 hommes, 10 femmes.

Loire (77 hommes, 10 femmes)

	Hommes	Femmes
Saint-Etienne	77	10

Rhône (214 hommes, » femme)

Lyon (arrêt)	214	»
	291	10

Cour d'appel de Montpellier
(372 hommes, 32 femmes)

Aude (33 hommes, 2 femmes)

Castelnaudary	4	»
Limoux	6	»
Narbonne	23	2
	33	2

Aveyron (36 hommes, 5 femmes)

Rodez	17	2
Espalion	4	»
Millau	3	1
Saint-Affrique	5	»
Villefranche	7	2
	36	5

Hérault (245 hommes, 20 femmes)

Montpellier	170	12
Béziers	57	6
Lodève	10	1
Saint-Pons	8	1
	245	20

Pyrénées-Orientales (58 hommes, 5 femmes)

Perpignan	46	4
Céret	8	1
Prades	4	»
	58	5

Cellulaires existantes (33 hommes, 2 femmes).

Aude

	Hommes	Femmes
Carcassonne	33	2

Cour d'appel de Nancy

(573 hommes, 71 femmes)

Ardennes (79 hommes, 10 femmes)

Mézières (1)	1	»
Charleville (2)	20	3
Rethel	36	3
Rocroy	10	2
Sedan	8	2
Vouziers	4	»
	79	10

Meurthe-et-Moselle (288 hommes, 33 femmes)

Nancy	205	28
Briey (2)	45	2
Lunéville	24	2
Toul	14	1
	288	33

Meuse (56 hommes, 9 femmes)

Bar-le-Duc	26	4
Montmédy	5	1
Saint-Mihiel	15	3
Verdun	10	1
	56	9

(1) Projet de reconstruction.
(2) En voie de reconstruction.

Vosges (119 hommes, 13 femmes)

	Hommes	Femmes
Epinal (arrêt) (1)	10	1
Epinal (correction)	47	4
Mirecourt	11	1
Neufchâteau	7	»
Remiremont	17	2
Saint-Dié	26	5
	119	13

Haut-Rhin (31 hommes, 6 femmes)

Belfort	31	6

Cellulaires existantes : Néant.

Cour d'appel de Nimes
(222 hommes, 16 femmes)

Ardèche (47 hommes, 2 femmes)

Privas	26	1
Largentière	6	»
Tournon	15	1
	47	2

Gard (108 hommes, 8 femmes)

Nimes	76	6
Alais	24	2
Uzès	5	»
Le Vigan	3	»
	108	8

Lozère (7 hommes, » femme)

Florac	3	»
Marvéjols	4	»
	7	»

(1) Projet de reconstruction.

Vaucluse (60 hommes, 6 femmes)

	Hommes	Femmes
Avignon .	34	3
Apt .	7	1
Carpentras .	12	2
Orange .	7	»
	60	6

Cellulaires existantes : 21 hommes, 1 femme.

Lozère

Mende .	21	1

Cour d'appel d'Orléans

(139 hommes, 5 femmes)

Indre-et-Loire (21 hommes, » femme)

Chinon .	17	»
Loches .	4	»
	21	»

Loir-et-Cher (88 hommes, 5 femmes)

Blois .	52	4
Romorantin .	23	1
Vendôme .	13	»
	88	5

Loiret (30 hommes, » femme)

Gien .	9	»
Montargis .	9	»
Pithiviers .	12	»
	30	»

(1) Projet de transformation.

Cellulaires existantes : 160 hommes, 21 femmes

Indre-et-Loire (74 hommes, 13 femmes)

	Hommes	Femmes
Tours . . .	74	13

Loiret (86 hommes, 8 femmes)

Orléans . . .	86	8
	160	21

Cour d'appel de Paris (Seine exceptée)

(306 hommes, 40 femmes)

Aube (66 hommes, 8 femmes)

Troyes (1) . . .	44	7
Arcis-sur-Aube . . .	8	1
Bar-sur-Aube . . .	7	»
Bar-sur-Seine . . .	2	»
Nogent-sur-Seine (1) . . .	5	»
	66	8

Eure-et-Loir (59 hommes, 11 femmes)

Chartres . . .	34	6
Châteaudun . . .	6	1
Dreux . . .	16	3
Nogent-le-Rotrou . . .	3	1
	59	11

Seine-et-Marne (13 hommes, 1 femme)

Fontainebleau . . .	13	1

Seine-et-Oise (122 hommes, 12 femmes)

Versailles (correction) . . .	92	10
Mantes . . .	30	2
	122	12

(1) Projet de reconstruction.

Yonne (46 hommes, 8 femmes)

	Hommes	Femmes
Auxerre	21	5
Avallon	5	1
Joigny	10	1
Sens	7	1
Tonnerre	3	»
	46	8

Cellulaires existantes : 480 hommes, 45 femmes.

Marne (163 hommes, 19 femmes)

	Hommes	Femmes
Châlons-sur-Marne	71	6
Epernay	13	2
Reims	67	10
Sainte-Menehould	5	1
Vitry-le-François	7	»

Seine-et-Marne (65 hommes, 4 femmes)

	Hommes	Femmes
Melun	38	2
Coulommiers	7	»
Meaux	14	1
Provins	6	1

Seine-et-Oise (252 hommes, 22 femmes)

	Hommes	Femmes
Versailles (justice)	110	»
Corbeil	31	5
Etampes	20	3
Pontoise	68	10
Rambouillet	23	4
	480	45

Prisons de la Seine

(2.891 hommes, 729 femmes)

En commun

	Hommes	Femmes
Saint-Lazare .	»	594
Petite Roquette .	367	»

Cellulaires

Maison de justice (Conciergerie)	133	»
La Santé	1.077	»
Fresnes .	1.212	83

Mixte

Dépôt .	102	52

Cour d'appel de Pau

(77 hommes, 15 femmes)

Landes (28 hommes, 6 femmes)

Mont-de-Marsan .	16	4
Dax .	6	1
Saint-Sever .	6	1
	28	6

Basses-Pyrénées (43 hommes, 8 femmes)

Pau .	29	6
Oloron .	3	»
Orthez .	5	»
Saint-Palais .	6	2
	43	8

Hautes-Pyrénées (6 hommes, 1 femme)

	Hommes	Femmes
Bagnères	2	»
Lourdes	4	1
	6	1

Cellulaires existantes : 68 hommes, 9 femmes.

Basses-Pyrénées (46 hommes, 6 femmes)

Bayonne	46	6

Hautes-Pyrénées (22 hommes, 3 femmes)

Tarbes	22	3
	68	9

Cour d'appel de Poitiers

(124 hommes, 12 femmes)

Charente-Inférieure (87 hommes, 10 femmes)

La Rochelle (1).	24	2
Jonzac	4	»
Marennes	4	1
Rochefort	18	1
Saintes	32	5
Saint-Jean-d'Angély	5	1
	87	10

Deux-Sèvres (8 hommes, » femme)

Melle	4	»
Parthenay	4	»
	8	»

(1) Projet de reconstruction.

Vendée (15 hommes, 1 femme)

	Hommes	Femmes
La Roche-sur-Yon (1)	15	1

Vienne (14 hommes, 1 femme)

	Hommes	Femmes
Châtellerault	6	1
Civray	2	»
Loudun	4	»
Montmorillon	2	»
	14	1

Cellulaires existantes : 74 hommes, 9 femmes.

Deux-Sèvres (22 hommes, 4 femmes)

Niort	17	3
Bressuire	5	1

Vendée (21 hommes, 2 femmes)

Fontenay-le-Comte	9	1
Les Sables-d'Olonne	12	1

Vienne (31 hommes, 3 femmes)

Poitiers	31	3
	74	9

Cour d'appel de Rennes
(89 hommes, 106 femmes)

Côtes-du-Nord (56 hommes, 14 femmes)

Saint-Brieuc (2)	32	6
Guingamp	11	3
Lannion	7	2
Loudéac	6	3
	56	14

(1) En voie de construction.
(2) Projet de reconstruction.

Finistère (150 hommes, 45 femmes)

	Hommes	Femmes
Quimper (arrêt) (1)	8	1
Quimper (correction)	22	3
Brest (1)	94	37
Châteaulin	10	2
Morlaix (1)	10	1
Quimperlé	6	1
	150	45

Ille-et-Vilaine (36 hommes, 9 femmes)

Fougères	7	1
Montfort	6	1
Redon	6	1
Saint-Malo	17	6
	36	9

Loire-Inférieure (168 hommes, 23 femmes)

Nantes	121	17
Ancenis	12	1
Châteaubriant	7	»
Paimbœuf	4	1
Saint-Nazaire	24	4
	168	23

Morbihan (79 hommes, 15 femmes)

Vannes	34	6
Lorient	34	7
Ploërmel	4	1
Pontivy	7	1
	79	15

Cellulaires existantes : 114 hommes, 27 femmes.

Côtes-du-Nord (8 hommes, 2 femmes)

Dinan	8	2

(1) Projet de reconstruction.

Ille-et-Vilaine (106 hommes, 25 femmes)

	Hommes	Femmes
Rennes .	96	24
Vitré .	10	1
	114	27

Cour d'appel de Riom

(174 hommes, 19 femmes)

Allier (81 hommes, 11 femmes)

Moulins .	39	5
Cusset .	18	3
Gannat .	3	»
Montluçon .	21	3
	81	11

Cantal (18 hommes, 2 femmes)

Aurillac .	11	1
Mauriac .	3	»
Murat .	1	»
Saint-Flour .	3	1
	18	2

Haute-Loire (12 hommes, » femme)

Brioude .	6	»
Yssingeaux .	6	»
	12	»

Puy-de-Dôme (63 hommes, 6 femmes)

Clermont-Ferrand .	21	2
Ambert .	2	»
Issoire .	3	»
Riom .	34	4
Thiers .	3	»
	63	6

Cellulaires existantes : 17 hommes, 2 femmes.

Haute-Loire

	Hommes	Femmes
Le Puy	17	2

Cour d'appel de Rouen
(374 hommes, 66 femmes)

Eure (155 hommes, 27 femmes)

Evreux (1)	82	12
Les Andelys	12	6
Bernay	22	6
Louviers	17	3
Pont-Audemer	22	7
	155	27

Seine-Inférieure (219 hommes, 39 femmes)

Dieppe	24	2
Le Havre (2)	160	31
Neufchâtel	20	4
Yvetot	15	2
	219	39

Cellulaires existantes : 326 hommes, 62 femmes.

Seine-Inférieure

Rouen (3)	326	62

Cour d'appel de Toulouse
(143 hommes, 15 femmes)

Ariège (8 hommes, » femme)

Pamiers	4	»
Saint-Girons	4	»
	8	»

(1) Reconstruite en 1909.
(2) Projet de reconstruction.
(3) La prison de Rouen possède seulement un quartier cellulaire : celui où sont internés les prévenus, accusés et inculpés, 106 cellules.

Haute-Garonne (86 hommes, 11 femmes)

	Hommes	Femmes
Toulouse	76	10
Muret	5	1
Villefranche	5	»
	86	11

Tarn (41 hommes, 4 femmes)

Albi	19	3
Castres	14	1
Gaillac	5	»
Lavaur	3	»
	41	4

Tarn-et-Garonne (8 hommes, » femme)

Castelsarrasin	3	»
Moissac	5	»
	8	»

Cellulaires existantes : 45 hommes, 4 femmes.

Ariège (14 hommes, 1 femme)

Foix	14	1

Haute-Garonne (4 hommes, » femme)

Saint-Gaudens	4	»

Tarn-et-Garonne (27 hommes, 3 femmes)

Montauban	27	3
	45	4

La seule difficulté que présente l'établissement des prisons interdépartementales est d'ordre judiciaire. Il faut ajouter qu'elle concerne non les prisons pour peines, mais les maisons d'arrêt. Ces dernières, aux termes de l'article 603 du Code d'instruction criminelle, doivent être situées près des tribunaux correctionnels. Dans notre organisation judiciaire actuelle, tous les arrondissements (1), sauf ceux de Puget-Théniers (Alpes-Maritimes), Sceaux et Saint-Denis (Seine), ont un tribunal de première instance et, par suite, une maison d'arrêt.

Faudrait-il donc attendre, pour agir, une réorganisation judiciaire ? Il semble que non ; la réforme des prisons doit être considérée en elle-même et envisagée seulement au point de vue pénitentiaire. La subordonner à la réorganisation des tribunaux risquerait d'entraver tout progrès ou de faire adopter dans chacun de ces grands services des décisions en antinomie avec sa nature propre. A l'heure actuelle, l'existence des 359 tribunaux de première instance pousserait à l'établissement de prisons inaptes à jouer leur fonction. Plus tard, l'existence des petites prisons, que l'on aurait ainsi construites, ferait hésiter à supprimer tel ressort dont le Parlement et le Gouvernement auraient reconnu l'inutilité.

D'ailleurs, l'établissement de prisons interdépartementales solutionnerait au mieux le problème péniten-

(1) Dans les arrondissements ci-après, indiqués le chef-lieu judiciaire n'est pas le chef-lieu administratif :

Départements.	Arrondissements.	Tribunal et prison
Allier.	La Palisse.	Arbois.
Ardennes.	Mézières.	Cusset.
Bouches-du-Rhône.	Arles.	Charleville.
Creuse.	Boussac.	Tarascon.
Isère.	La Tour-du-Pin.	Chambon.
Jura.	Poligny.	Bourgoin.

tiaire pour tous les individus autres que les prévenus que le Code d'instruction criminelle maintient dans l'arrondissement où ils ont été arrêtés. Peut-être même, pour ces derniers, la question pourrait-elle être tranchée dans un sens plus conforme aux nécessités budgétaires.

Le nombre des prévenus incarcérés peut, en effet, être appelé à diminuer. Le projet de loi sur les garanties de la liberté individuelle récemment voté par le Sénat est susceptible de réduire les cas d'arrestation préventive. De plus, ainsi qu'il le sera montré plus loin, il serait désirable que l'on apportât certaines modifications aux lois pénales de façon à abréger sensiblement la durée de la prévention. Enfin, la réorganisation judiciaire, à laquelle M. le Garde des sceaux faisait dernièrement allusion à la tribune du Sénat, permettrait peut-être l'incarcération des prévenus au siège de la cour d'appel et non près du tribunal de première instance.

Il y a lieu de remarquer que si cette dernière réforme

Départements.	Arrondissements.	Tribunal et Prisons.
Meuse.	Commercy.	Saint-Mihiel (Cour d'assises).
Basses-Pyrénées.	Mauléon.	Saint-Palais.
Hautes-Pyrénées.	Argelès.	Lourdes.

L'autorité du préfet ou du sous-préfet sur le personnel pénitentiaire ne peut donc s'exercer qu'à distance et d'une façon intermittente. Si Mézières, chef-lieu de département, a conservé le siège ordinaire de la Cour d'assises malgré l'érection de Charleville en chef-lieu judiciaire, Bar-le-Duc n'a qu'un tribunal d'arrondissement, et la Cour d'assises se tient d'habitude à Saint-Mihiel, qui dépend de l'arrondissement de Commercy. En Vaucluse, ce n'est pas à Avignon, chef-lieu du département, mais à Carpentras, simple chef-lieu d'arrondissement, que la Cour d'assises se réunit. Ces différences traditionnelles ne sont pas faites pour faciliter l'organisation pénitentiaire.

n'était pas réalisée, la solution proposée aurait du moins l'avantage d'assurer la séparation complète entre prévenus et condamnés, conformément à l'article 604 du Code d'instruction criminelle.

§ 2. — *Maisons cellulaires*

Nous avons indiqué précédemment que, même dans les maisons cellulaires, il arrivait que diverses catégories de détenus se trouvaient réunies. C'est là toutefois un fait accidentel. Il est produit par l'insuffisance, soit temporaire, soit permanente, du nombre des cellules, et par l'obligation où l'on se trouve d'occuper les pièces en commun dites « salles de désencombrement », ou de placer plusieurs détenus dans une même cellule.

Cet état de choses, qui est manifestement contraire à la volonté du législateur de 1875, est causé par l'application de l'une des dispositions insérées par le Parlement dans l'article 8 de la loi du 4 février 1893, rédigée en vue de hâter l'achèvement de la réforme.

Aux termes de cet article, « le nombre des cellules de détention à établir pour toute maison affectée au régime de l'emprisonnement individuel est fixé d'après le chiffre moyen de la population pendant les cinq dernières années, en tenant compte des modifications intervenues dans les lois pénales. Il ne peut dépasser les trois quarts de l'effectif actuel, calculé sur la même base. Un quartier commun, exclusivement réservé, en cas d'insuffisance temporaire du nombre des cellules, aux condamnés aux peines les plus courtes ou aux détenus d'une même catégorie, est établi dans les maisons où l'administration le juge nécessaire ».

Le contexte dégage avec netteté la volonté du législateur. Il a voulu qu'il y ait, dans chaque prison, un nombre de cellules suffisant pour que chaque détenu puisse être isolé. L'usage du quartier commun, dit de désencombrement, n'est prévu qu'à titre facultatif. Son installation est laissée à l'appréciation de l'administration : il ne doit servir qu'en cas d'insuffisance temporaire des cellules.

Mais, dans la pratique, il ne peut en être ainsi. Grâce au mode de calcul adopté par le législateur, l'administration n'a pas plein pouvoir pour apprécier les circonstances de fait appelées à agir sur l'augmentation ou la diminution du chiffre des détenus. Les prévisions sont commandées par deux facteurs : un chiffre de base, qui est le chiffre moyen de la population pendant les cinq dernières années; un maximum : les trois quarts de l'effectif actuel. L'administration ne peut donc que choisir un chiffre égal ou inférieur à la moyenne.

L'expérience a montré que ce mode de calcul ne permettait pas de pratiquer l'isolement individuel dans les conditions prévues. Contrairement à ce que l'on pensait en 1893, la population des maisons départementales n'était pas forcément appelée à diminuer, du fait des modifications intervenues dans les lois pénales. De plus, la réduction du quart cellulaire en faveur des condamnés soumis à l'application du nouveau régime ne devait pas avoir les conséquences absolues que l'on s'était imaginé. Pour diminuer d'un quart le chiffre de la population pénale, il aurait fallu que toutes les personnes détenues dans une maison départementale du type cellulaire fussent susceptibles de bénéficier des dispositions de l'article 4; or, ce texte ne s'applique pas aux condamnés de trois mois et au-dessous, aux prévenus et accusés, aux condamnés de simple police, aux dettiers, aux détenus administratifs, aux passagers, aux militaires, aux jeunes détenus incarcérés par voie de correction paternelle, etc... Ainsi, en 1908, sur 14,579 détenus des deux sexes, il n'y avait dans les prisons départementales que 2,845 prisonniers subissant une peine de trois mois à un an et étant par suite dans les conditions voulues pour bénéficier de la réduction du quart.

Au reste, des circonstances générales et des circonstances locales peuvent aboutir à une augmentation de la population détenue. Ainsi, dans la région du Nord, par suite du développement de certaines industries et notamment de l'exploitation des mines, la population s'accroît d'une façon constante, les prisons deviennent insuffisantes. A Béthune, où il y a 110 cellules d'hommes, la moyenne a été de 131 détenus en 1905, de 134 en 1906 (le maximum ayant été de 169 il y a deux ans et de 184 l'année dernière). A Boulogne, où les locaux récemment construits n'ont été occupés qu'au commencement de cette année, la prison est également insuffisante; il y a 52 cellules d'hommes; la moyenne des détenus a été en 1905 de 58 et en 1906 de 67 (le maximum ayant été de 88 et 92). Or, comme les quartiers de désencombrement tels qu'ils ont été bâtis dans les premières maisons cellulaires sont en général peu sûrs et d'une surveillance difficile, on ne les utilise pas; comme, d'autre part, on ne doit pas réunir deux détenus dans la même cellule on y enferme 3 détenus. Le cube d'air d'une cellule étant de 30 mètres cubes, reste par détenu un cube d'air de 10 mètres. Dans ces conditions, d'ailleurs, le travail n'est pas possible.

Même situation dans l'Est, à Briey, par suite de la découverte de gisements avantageux à exploiter. La moyenne avait été :

En 1900, de 39 hommes et 3 femmes.
En 1901, de 37 hommes et 5 femmes.
En 1902, de 30 hommes et 3 femmes.
En 1903, de 26 hommes et 3 femmes.
En 1904, de 32 hommes et 2 femmes.

Faisant application de l'article 8, le conseil supérieur, dans sa séance du 8 juin 1905, approuva le projet de construction d'une maison d'arrêt et de correction de 32 cellules : 29 hommes et 3 femmes.

Or, au cours des premiers travaux, l'effectif moyen augmenta dans des proportions tout à fait imprévues.

En 1905, de 45 hommes et 2 femmes.
En 1906, de 45 hommes et 2 femmes.
En 1907, de 57 hommes et 3 femmes.
En 1908, de 81 hommes et 2 femmes.

On pourrait encore signaler la prison de la Roche-sur-Yon (Vendée), de Boulogne-sur-Mer (Pas-de-Calais), dont l'insuffisance a également apparu pendant les travaux

La construction de prisons trop exiguës est particulièrement regrettable quand il s'agit de locaux cellulaires. Ce genre d'établissement, une fois construit, ne se prête guère à des agrandissements. Une prison moderne est un *tout* organisé en vue de permettre une surveillance centrale. On ne peut, sans en détruire l'harmonie, y ajouter une aile ou un pavillon, comme on ferait pour une prison en commun ou pour un établissement hospitalier. Construire une prison trop petite, c'est s'exposer à en construire une nouvelle peu de temps après. Loin de constituer une économie, cette manière de faire est des plus onéreuses pour les finances publiques. En sens inverse, construire une trop grande prison, c'est dépenser sans profit des sommes d'autant plus importantes que le nombre des cellules inutilisées est plus considérable, — et l'on sait que le prix de revient d'une cellule est toujours fort élevé.

Il importe donc de calculer l'importance de la population pénale. C'est là une opération des plus délicates qui exige de la part de l'administration de la sûreté d'appréciation et de la sagacité. Encore faut-il que sa liberté d'appréciation reste entière et ne soit plus limitée par les dispositions de l'article 8, qui manque vraiment de souplesse. Sur ce point, une réforme législative paraît nécessaire. Elle s'impose avec d'autant plus de rigueur que, dans certains cas, les nécessités de fait ont conduit l'administration à ne pas tenir compte des prescriptions légales. Ainsi, pour Briey, Boulogne-sur-Mer et la Roche-sur-Yon, les constatations faites au cours des travaux ont contraint les services pénitentiaires à augmenter le nombre des cellules, en violation de l'article 8; respecter la lettre de la loi eût été commettre une lourde faute.

La modification demandée rétablira l'harmonie entre la pratique administrative et l'ordre du législateur. Elle est d'autant plus importante que la dépense de construction se répartit entre l'Etat et les départements et qu'il convient d'en limiter le total pour réduire la contribution de l'Etat.

DEUXIÈME PARTIE

RÈGLEMENTS PÉNITENTIAIRES

La réforme des locaux, pour être complète, doit être accompagnée d'une réforme des règlements. La situation du détenu dépend, en effet, non seulement de l'aménagement de l'immeuble dans lequel il est enfermé, mais aussi des dispositions réglementaires ou législatives qui lui sont appliquées.

Au point de vue « règlement », la situation est loin de présenter les imperfections que l'inspection a constatées dans l'état des locaux pénitentiaires. Depuis longtemps l'administration s'est préoccupée d'établir, par un règlement général, un même régime dans les maisons d'arrêt, de justice et de correction situées sur les divers points du territoire. L'ordonnance royale du 9 avril 1819 (art. 7 et 8), qui se proposait « d'établir et de maintenir dans toutes les prisons l'application des mêmes principes et d'un système uniforme », répondait déjà à cette préoccupation. Elle fut suivie de différents actes administratifs (rapport au roi du 1ᵉʳ février 1837, instructions ministérielles du 29 juin et 7 août 1838). Ces actes aboutirent au règlement général pour les prisons départementales du 30 octobre 1841,

5

qui constitue la première codification des textes relatifs aux maisons d'arrêt, de justice et de correction.

Ce règlement général était le résultat des longs efforts tentés pour remédier aux abus très graves signa-
lés chaque année dans les rapports de l'inspection générale (1) et pour corriger les nombreuses inégalités constatées tant dans le régime matériel que dans la police
intérieure des établissements. Il était destiné, selon les
termes mêmes de l'instruction qui le précédait à « soumettre d'une manière formelle le régime des prisons
départementales au principe de l'unité ». Le ministre
de l'Intérieur, signataire responsable dudit règlement,
en exposait ainsi qu'il suit les bases fondamentales :
« La législation criminelle », disait-il, « étant la même
pour tous, les mêmes règles doivent présider à son application. Indulgentes ou sévères, ces règles doivent toutes
prendre leur source dans l'esprit de la loi et dans nos
mœurs, et être exécutées ensuite sans acception ni des
lieux ni des personnes. Relativement aux condamnés,
l'inégalité du régime c'est l'inégalité des peines. Relativement aux prévenus, cette inégalité constitue un abus
plus grave encore, car elle soumet un homme, peut-être
innocent, à des rigueurs et à des privations que l'administration n'impose pas ailleurs à un autre prévenu.
Il ne faut donc pas, sous peine d'enfreindre la loi elle-
même, que deux prévenus, que deux condamnés, soient
traités différemment, uniquement parce qu'ils se trouvent dans des prisons différentes. Si des mesures de

(1) Instruction du 30 octobre 1841. Code des prisons, tome I, p. 325, *in fine.*

contrainte sont jugées nécessaires, il faut qu'elles pèsent également sur tous et en tous lieux. »

Ce règlement, dont la rédaction avait été l'objet de longues discussions au conseil des inspecteurs généraux, fut rendu exécutoire par un simple arrêté ministériel. Il entra en vigueur le 1er janvier 1842. Il comprenait 129 articles répartis en six chapitres. Certaines de ses dispositions étaient communes à l'ensemble des détenus, d'autres spéciales à certaines catégories.

Un autre règlement fut établi pour les prisons cellulaires: il porte la date du 13 août 1843. Son article 1er étendait aux prisons départementales construites suivant le système de l'emprisonnement individuel le règlement général du 30 octobre 1841, sous la réserve des modifications et des règles spéciales que lui-même édictait.

Ces deux textes restèrent en vigueur jusqu'à l'époque (1881-1885) où furent adoptés le règlement et projet de règlement sous l'empire desquels nous vivons actuellement.

La loi du 5 juin 1875 sur le régime des prisons départementales s'étant prononcée pour la suppression des maisons en commun et pour la transformation de tous les établissements de courtes peines en maisons cellulaires, aurait dû logiquement entraîner une refonte des textes réglementaires dans le sens du nouveau droit commun. Il semblait que le règlement général aurait dû dorénavant s'appliquer aux prisons du nouveau régime et qu'un règlement spécial aux prisons en commun aurait suffi pour édicter, par voie de dérogation, les quelques prescriptions à suivre dans les maisons en commun, pendant la période transitoire. Cette refonte réglementaire n'a pas eu lieu ou du moins elle n'a pas été menée à terme. On peut penser qu'il en eût été différemment si le conseil d'Etat avait été, conformément à l'article 5 de la loi du 5 juin 1875, saisi d'un projet de décret, portant règlement d'administration publique, sur les conditions d'organisation du travail et le régime intérieur des maisons consacrées à l'application du nouveau mode de détention.

Une tentative a été faite toutefois, au début du nouveau régime, en vue de satisfaire à cette prescription légale. Les deux premières prisons déclarées cellulaires furent deux établissements de la Seine : Mazas et un quartier de la Santé (la troisième fut Sainte-Menehould (Marne), dont la reconnaissance remonte à un décret du 27 mars 1878). Dans la Seine, à Mazas et à la Santé, on suivait de simples ordres de services émanés de la préfecture de police et basés en partie sur un arrêté ministériel du 13 août 1843. Si bien qu'il existait, en fait, sur divers points importants, de notables différences entre la réglementation des prisons de la Seine et celle des autres départements. D'autre part, le règlement de 1843 ne répondait pas suffisamment aux exigences du régime de la séparation individuelle de jour et de nuit, telle qu'elle était entendue par la loi de 1875.

Préoccupée de cette situation, l'administration estima qu'avant de préparer un règlement d'administration publique, et de « donner une réforme définitive aux dispositions destinées à règler le fonctionnement d'un système dont l'adaptation à notre climat, à nos mœurs, à notre organisation administrative et judiciaire, à l'état matériel de nos prisons, présentait de sérieuses difficultés, une étude expérimentale paraissait nécessaire ». Elle confia au conseil de l'inspection générale le soin d'arrêter les dispositions qui seraient appliquées provisoirement et serviraient de point de départ à la rédaction du règlement d'administration publique.

C'est ainsi que vit le jour l'instruction ministérielle du 3 juin 1878, rédigée sous forme de règlement en trente-cinq articles, dont les principales prescriptions étaient conformes à deux avis du conseil de l'inspection générale en date des 4 mai 1877 et 22 mai 1878.

Après trois ans de mise à l'essai, ce projet fut soumis, le 11 février 1881, au conseil supérieur des prisons qui, d'après l'article 8 du décret du 3 novembre 1875, devait être appelé à délibérer sur tout projet de règlements généraux concernant l'application du régime de l'emprisonnement individuel. Il fut adopté presque sans modification, le 8 avril 1881, par cette assemblée, qui avait été mise en situation d'apprécier la valeur des innovations introduites par de fréquentes communications sur les résultats de l'application de l'instruction.

Malheureusement, et contrairement à l'article 5 de la la loi de 1875, l'administration ne poussa pas plus avant et le décret projeté ne fut pas promulgué. Le texte adopté par le conseil supérieur des prisons, qui contenait à la fois des dispositions destinées au règlement d'administration publique et des prescriptions à insérer dans de simples circulaires ministérielles, resta le seul texte applicable aux prisons cellulaires, ou, plus exactement, le seul contenant des décisions sur les mesures à prendre pour assurer la séparation individuelle des détenus. Il est connu sous le nom de projet de règlement du 8 mars 1881.

Cette situation n'est pas sans présenter certains inconvénients pratiques et sans prêter à des critiques de principe.

L'inspection générale a constaté, à différentes reprises, que certains articles du règlement étaient loin d'avoir une application uniforme. Ces variations se rattachent, à n'en pas douter, au caractère provisoire que présente le texte règlementaire. C'est ainsi — pour ne citer qu'un exemple — que dans certaines prisons aucun détenu ne sort de sa cellule sans s'être recouvert le visage du capuchon réglementaire — conformément à l'article 2 du projet de règlement — tandis que, dans d'autres prisons, faisant partie parfois de la même circonscription pénitentiaire, ce masque d'étamine n'est plus employé depuis longtemps. Si l'on estime que le capuchon présente des inconvénients au point de vue hygiénique et n'a pas une utilité réelle (1) au point de vue de la séparation des détenus, il faut le supprimer (2). Si, au contraire, l'administration estime, comme en

(1) Procès-verbaux du conseil supérieur des prisons, séance du 25 février 1881, page 350, tome IX : « Avec une certaine attention, il est possible de reconnaître un individu derrière la maille du capuchon. A la longue, la protection devient illusoire. » — Lalou, président du conseil des inspecteurs généraux.

(2) En 1878, l'inspection générale n'avait admis le capuchon que pour le cas d'adaptation partielle des prisons au régime cellulaire. Dans les constructions nouvelles, le capuchon est inutile et dangereux.

1878 (1), que, sans l'emploi de ce procédé on ne peut organiser d'une manière satisfaisante ni école cellulaire ni enseignement collectif, ni conférences morales et instructives, ni célébration du culte ; que, sans lui, on ne doit tolérer aucun travail en dehors des cellules, ni aucune participation des détenus au service de la maison, il est nécessaire d'assurer l'application de l'article 2. A ce point de vue, comme aux autres, il importe qu'un texte définitif et régulièrement élaboré soit mis en vigueur. L'expérience tentée depuis 1878, à titre provisoire, a assez duré.

On ne saurait d'ailleurs trop blâmer la pratique qui consiste à ne pas observer l'ordre des compétences dans l'élaboration des textes réglementaires. Ce n'est pas sans raison que le législateur prescrit l'observation de certaines formes; l'avis du conseil d'Etat, notamment, ne saurait être sans intérêt pratique. Mais il y a plus. Dans les établissements pénitentiaires, où une stricte discipline est nécessaire, il importe que, dans l'esprit des détenus, aucun doute ne puisse s'élever sur la légalité des pratiques qui leur sont imposées. Or, il n'est pas contestable que les règles en vigueur dans les prisons départementales du type cellulaire manquent de base légale. L'article 5 de la loi de 1875 dit expressément que, dans ces établissements, toutes les prescriptions réglementaires, qu'elles concernent l'organisation du travail ou le régime intérieur, doivent être arrêtées par un décret portant règlement d'administration publique,

(1) Rapport au ministre de M. Choppin, directeur de l'administration pénitentiaire.

pris par conséquent après avis du conseil d'Etat. En fait, l'organisation du travail et le régime intérieur sont fixés dans ces prisons par trois textes principaux de nature différente, dont aucun n'a le caractère imposé par le législateur. Ce sont :

1° Le projet de règlement du 8 avril 1881, c'est-à-dire l'instruction ministérielle de 1878, modifiée sur quelques points par des délibérations du conseil supérieur des prisons qui n'a jamais reçu force exécutoire ;

2° Un décret simple en date du 11 novembre 1885, dont il sera parlé ultérieurement à propos des maisons en commun ;

3° Le cahier des charges pour l'entreprise générale des services économiques et des travaux industriels des maisons d'arrêt, de justice et de correction (modèle type de mars 1893).

Deux de ces textes sont dépourvus de toute force impérative à l'égard de la population détenue.

Le premier n'a pas même la valeur d'une circulaire. L'aurait-il que sa force exécutoire n'en serait pas moins inexistante. Réglementer, c'est, sous l'autorité de la loi, fixer des règles générales et impératives qui imposent des obligations et créent des droits. On ne réglemente pas par voie de circulaire, mais on adresse des instructions ou des ordres à des agents subordonnés en vue, soit de les éclairer sur l'interprétation d'un texte, soit de les inciter à prendre dans la limite de leurs attributions certaines décisions individuelles, soit même de leur donner l'ordre d'introduire dans les arrêtés réglementaires qu'il leur appartient de rédiger certaines dispositions auxquelles tient l'administration supérieure.

En ce qui concerne le cahier des charges, qui règle notamment le régime alimentaire, la fourniture des effets de lingerie, de literie et de vestiaire, il est non moins certain que cet acte administratif d'une nature juridique un peu spéciale, ne peut s'imposer aux détenus. Si la jurisprudence du conseil d'Etat admet que les tiers peuvent, dans certains cas, se prévaloir des dispositions qu'il édicte en leur faveur, elle n'y a jamais vu un acte générateur d'obligations, qu'à charge soit de l'Etat, soit des soumissionnaires (arrêt Croix de Séguy. S. 1907).

D'ailleurs, l'administration n'a jamais reconnu au cahier des charges une valeur réglementaire. C'était à bon escient qu'autrefois elle leur laissait régler les questions d'aliments et de vêtements. A cette époque où elle se considérait comme tenue uniquement de fournir aux détenus des murs et des gardiens, il était logique qu'elle ne réglementât pas ces matières ; tout au plus, par humanité, consentait-elle à faire, en faveur des détenus, des stipulations envers des tiers. Toute autre est la situation depuis que le règlement s'est inspiré d'une conception nouvelle accentuée en 1878, 1881 et 1885 et que le régime est devenu l'un des éléments essentiels du syssystème pénitentiaire.

Reste le décret du 11 novembre 1885, spécial aux prisons en commun ; il est cependant, en fait, appliqué aux maisons cellulaires, exception faite de celles de ses dispositions qui sont en contradiction avec l'un quelconque des articles du projet de règlement du 8 avril 1881. Ce système manque complètement de base juridique.

Pour en comprendre l'adoption, il faut remonter au premier état de droit, aux arrêtés réglementaires de 1841 et 1843.

A l'origine, ainsi qu'il a été expliqué précédemment, l'article 1er de l'arrêté ministériel du 13 août 1843 sur le régime des maisons destinées au système de l'emprisonnement individuel avait formellement renvoyé à l'arrêté réglementaire de 1841, et avait étendu aux prisons cellulaires toutes les dispositions de ce règlement qui n'avaient pas été modifiées ou abrogées. Or, l'arrêté réglementaire de 1843 n'a pas été abrogé; juridiquement il n'aurait pu l'être que par un nouvel arrêté ministériel ou par un acte d'une autorité supérieure : décret ou loi, et aucun acte de cette espèce n'est intervenu. Il s'ensuit que, légalement, les prisons cellulaires sont actuellement régies par l'ancien arrêté réglementaire du 13 août 1843 ; il s'ensuit également que l'article 1er de cet arrêté a force exécutoire. Il faut donc conclure que c'est à bon droit que l'on continue à appliquer dans les prisons cellulaires certaines des dispositions du règlement en vigueur dans les maisons en commun.

Or, l'arrêté ministériel de 1841, qui portait règlement général pour ces dernières maisons, ayant été très légalement remplacé par un décret du 11 novembre 1885, on comprend que ce décret s'applique dans les maisons en commun.

Mais quelles sont les prescriptions du règlement relatif aux maisons en commun qui se trouvent ainsi étendues ? Sans conteste, ce sont toujours celles qui ne contredisent pas l'ancien arrêté réglementaire de 1843 non abrogé. La logique juridique ne peut faire intervenir ici le projet de règlement de 1881. Or, il ne faut pas l'oublier, le règlement de 1843 était insuffisant pour des prisons cellulaires du type de la loi de 1875 ; il avait été rédigé pour des maisons d'aménagement varié tantôt mi en commun, mi cellulaire, tantôt destinées à l'application du système auburnien ; tantôt répondant aux nécessités de la séparation individuelle de jour et de nuit. De plus, l'expérience avait révélé l'utilité d'un certain nombre de modifications au texte primitif.

Aussi l'administration a-t-elle senti la nécessité de remplacer ce texte par le projet de règlement de 1881. Mais cette solution n'est pas juridique (1). De plus, si, par impossible, on soutenait que l'arrêté de 1843 est abrogé et que seul est en vigueur le projet de règlement de 1881, toute valeur légale se trouverait par là même déniée à l'extension du décret de 1885 aux prisons cellulaires. Le projet de règlement ne contient en effet aucune disposition analogue à l'article 1er de l'arrêté de 1843. En cherchant à s'appuyer à la fois sur l'article 1er du règlement de 1843 et sur le projet de 1881, l'administration s'est mise en contradiction avec elle-même et a démontré surabondamment l'urgence d'une réforme des textes.

---

(1) L'abrogation d'un arrêté ministériel par une circulaire n'est d'ailleurs pas un fait isolé en matière pénitentiaire. Il y a mieux. Récemment, à la date du 8 novembre 1906, une simple note de service a modifié le décret du 11 novembre 1885. Elle est ainsi conçue : « ... *par analogie avec la réglementation ci-dessus (appliquée aux maisons centrales), l'article 65, paragraphe 2, du décret du 11 novembre 1885, relatif aux prisons de courtes peines, est* MODIFIÉ *ainsi qu'il suit... ».*

V. aussi, page 12, les modifications implicites apportées au Code d'instruction criminelle par la circulaire du 20 octobre 1813.

De ce long exposé sur la situation légale des prisons cellulaires au point de vue réglementaire, il résulte qu'un règlement général des prisons cellulaires doit être établi à titre définitif et promulgué dans la forme d'un règlement d'administration publique.

Dans l'esprit de l'inspection, la réforme ne devrait d'ailleurs pas être limitée aux maisons où se pratique l'isolement individuel, mais être étendue à celles où les détenus sont internés en commun. Le décret de 1885 est caduc en certaines de ses parties. Suivant la contrée, suivant les établissements, il est appliqué de façon différente. Ainsi, l'article 76 prescrit que le médecin est tenu de faire chaque jour une visite dans la prison. On ne tient la main à l'application de cette prescription que dans quelques grandes prisons. Presque partout, étant donné le nombre infime des détenus et le peu de fréquence des indispositions, le médecin se contente de passer à la prison périodiquement, par exemple une ou deux fois par semaine, et d'y venir également quand il est appelé pour un malade. L'expérience semble avoir établi que cette manière de faire ne présente pas d'inconvénient. Encore faudrait-il qu'elle ne fût pas en opposition avec la lettre et l'esprit du décret réglementaire ! Alors que l'administration a, au reste, pris prétexte du nouvel état de choses pour diminuer le traitement des médecins.

A un second point de vue, il y aurait lieu de faire rentrer dans le règlement intérieur les différentes parties du régime, actuellement réglé, de façon indirecte, par le cahier des charges de 1893. Les raisons invoquées plus haut à l'occasion des prisons cellulaires conservent ici toute leur valeur. Enfin, — et c'est là l'argument capital, — la réglementation actuellement en vigueur dans l'ensemble des prisons départementales cellulaires ou non, a fait apparaître, au point de vue purement pénitentiaire, des imperfections et des lacunes importantes sur lesquelles l'inspection, à diverses reprises, a appelé l'attention, soit par les rapports individuels présentés chaque année sur les établissements visités, soit par les rapports d'ensemble de 1902 et de 1904; soit surtout par des avis du comité, notamment par celui en date des 15 et 18 octobre 1907.

Au reste, la réforme doit englober l'ensemble des textes relatifs au régime pénitentiaire des maisons de courtes peines. Un règlement d'administration publique qui serait rendu pour les prisons cellulaires — et qui serait applicable à ces prisons seules — devrait, nécessairement, pour répondre à la fois aux nécessités pratiques et aux injonctions du législateur, d'une part, édicter les mesures destinées à assurer l'isolement des détenus et, d'autre part, régler le régime général auquel ceux-ci devront être soumis. Sur ce dernier point, ou bien il constituerait une réédition pure et simple du décret de 1885, ou bien il s'inspirerait de principes nouveaux. Dans le premier cas, on se trouverait en présence de répétitions, susceptibles pour le moins d'introduire des obscurités et de la complication dans les textes pénitentiaires. Dans le second, on créerait, entre des détenus ayant la même situation pénale, deux catégories : on augmenterait les inégalités actuellement existantes du

fait de l'aménagement des locaux. La différence de traitement qui s'ensuivrait serait contraire aux principes
les plus élémentaires du droit criminel.

La solution pratique la meilleure consisterait à décider que le règlement d'administration publique rendu
en exécution de la loi de 1875 concernerait l'ensemble
des prisons départementales, sauf à consacrer un titre
spécial du décret aux prescriptions particulières à observer dans les prisons en commun existant encore et
provisoirement utilisées.

Pour que la réglementation à laquelle il serait procédé dans ces conditions répondît aux nécessités de la
science pénitentiaire et aux principes qui ont motivé
la réglementation générale de 1841, il importerait
qu'elle fût complétée sur deux points : 1° par une codification des textes généraux applicables à l'ensemble
des établissements pénitentiaires dépendant du ministère de l'Intérieur, ou tout au moins à l'ensemble des
établissements pour adultes ; 2° par la rédaction d'un
règlement particulier à chaque prison.

§ Iᵉʳ. — CODIFICATION GÉNÉRALE DES RÈGLEMENTS PÉNITENTIAIRES

Deux ordres de considérations commandent une mesure de ce genre. Les premières tiennent à l'essence
même du régime pénitentiaire ; les secondes, en présen-
tant un intérêt analogue, se recommandent plus spécia-
lement par les avantages d'ordre, de méthode et de progrès juridique qui sont inhérents à toute codification.

*
* *

Le principe fondamental de toute organisation pénitentiaire rationnelle est que l'égalité du régime corresponde à l'égalité des condamnations. Nous avons vu que c'est ce principe qui a inspiré la réglementation générale de 1841; c'est son application que doit réaliser toute réforme administrative Mais cet axiome de la science pénitentiaire se présente sous une autre face. Il peut être résumé en une seconde formule qui complète la première. Tant que la législation contiendra une échelle pénale, la peine effectivement subie doit être égale à la peine prévue par le législateur et infligée par le juge; autrement dit, à des peines différentes devraient correspondre des régimes différents, régimes d'autant plus sévères que la peine prononcée est elle-même plus grave, qu'elle occupe une place plus élevée dans l'énumération pénale et que sa durée est plus longue.

A ce second point de vue, l'existence d'une réglementation différente pour chaque catégorie d'établissements présente de sérieux inconvénients. Chaque réglementation évolue sur un domaine propre, séparée des autres comme par des cloisons étanches. Cet isolement risque de détruire l'harmonie voulue par le législateur entre les différentes peines et la hiérarchie qu'il a fixée entre elles.

La pratique française n'est pas, sur certains points au moins, sans fortifier ces appréhensions. Sans doute, l'administration a été inspirée par des vues pratiques quand elle a divisé les établissements pénitentiaires en deux grandes catégories : les unes réservées aux longues peines (les maisons centrales) ; les autres aux courtes peines (les maisons départementales), quoiqu'il y ait peut-être sur ce point beaucoup à dire en ce qui concerne aussi bien le mode de répartition des condamnés que le critérium servant à distinguer les courtes et les longues peines. Mais encore aurait-il fallu que, dans aucun cas, le régime d'une maison de longue peine dite centrale ne fût préférable à celui d'une maison de courte peine. Or, l'inspection générale a constaté que, par suite de circonstances matérielles, le jeu des lois et règlements pouvait créer parfois de véritables anomalies péniten-tiaires.

C'est ainsi, par exemple, que les règles en vigueur sur l'organisation du travail dans les prisons, sur le mode de rémunération du travail par l'attribution d'un pécule, sur la division du pécule en deux parties dis-tinctes et sur l'emploi que le détenu peut faire des som-mes inscrites à son compte, sont généralement à l'avan-tage des détenus de maisons centrales, des condamnés à longues peines et même des récidivistes. Le fait s'ex-plique aisément.

Les prisons départementales, pour la plupart, sont situées dans des centres de peu d'importance dépourvus de toute industrie ; elles reçoivent une population peu nombreuse composée de gens qui, à l'exception des réci-divistes, n'ont aucune connaissance pratique du métier à exercer et qui, en raison même du peu de durée de la peine, n'ont pas le temps de faire un apprentissage sérieux. L'inspection générale, chaque année, relève des chômages d'assez longue durée. En tout cas, les gains (1) sont peu élevés. Certains prévenus ou condamnés — des chevaux de retour — reçoivent, dans les prisons privilégiées, 1 franc ou 1 fr. 50 par jour; le taux ordinaire ne dépasse pas 40 à 50 centimes , souvent même, il est fort inférieur à ces chiffres. Ainsi, à Châtellerault (Vienne), ville industrielle dont la prison est d'importance moyenne, la majorité des détenus, au moment de la tournée, était employée au tressage ; pour 100 mètres de tresses confectionnés par jour, les détenus recevaient 18 à 20 centimes. A Melle (Deux-Sèvres), le cassage des noix constituait l'unique industrie; aux Sables-d'Olonne (Vendée), prison de même importance que Châtellerault, le sciage du bois rapportait 50 centimes par jour; les fagots, 40 centimes; le peignage de l'étoupe, 10 centimes seulement.

Dans les maisons centrales, au contraire, en raison de la concentration de la population, et de la durée du séjour, le travail est organisé méthodiquement, aussi la journée de travail donne-t-elle un produit trois fois plus élevé que dans les maisons de courtes peines. La statistique de 1906 indique 1 fr. 35 pour la moyenne des journées dans les maisons centrales contre 31 centimes (journées de détention) et 58 centimes (journées de travail) dans les maisons d'arrêt. Si, au lieu des

_____

(1) Les chiffres portés au texte ont été établis en tenant compte du produit *brut* du travail (10 : 10). Pour obtenir le montant *net* des sommes attribuées à chaque débiteur et inscrites à son pécule disponible, il faut, suivant la catégorie pénale, opérer une déduction d'un certain nombre de dixièmes (v. p. 82).

moyennes, qui ne donnent qu'un aperçu inexact de la réalité, on considère les situations individuelles, on remarque que rares sont les prisonniers qui gagnent moins de 1 franc. A Poissy, par exemple, le grand nombre gagne de 1 à 2 francs. Deux ateliers importants, l'un de 100 travailleurs, l'autre de 70, rapportent davantage; l'un plus de 2 francs; l'autre plus de 3 francs. Il y a loin de là aux 10 centimes des Sables-d'Olonne.

Il est vrai que, très sagement, les règlements (ordonnance en conseil d'Etat du 27 décembre 1843 pour les maisons centrales; décret en conseil d'Etat du 23 novembre 1893 pour les maisons départementales) ont fait varier, d'après leur situation pénale, la part du produit du travail à attribuer aux détenus : dans les maisons départementales, elle va de 3 à 7 dixièmes; dans les maisons centrales, de 1 à 5 dixièmes, non compris les gratifications. Mais, étant donné les différences importantes qui se manifestent dans la productivité des diverses industries, un détenu de maison centrale, même réclusionnaire (4 dixièmes) ou condamné aux travaux forcés (3 dixièmes), gagnera plus qu'un détenu de prison de courtes peines. La différence est encore plus sensible quand il s'agit de condamnés à l'emprisonnement. Considérons, par exemple, un condamné à un an de prison et un condamné à un an et un jour. Tous deux sont à 5 dixièmes ; d'après le produit moyen, l'un, à la fin de l'année, aura à sa disposition $0.33 \times 300 : 2 = 99 : 2$, soit 49 fr. 50 ; l'autre, $1,35 \times 300 : 2 = 405 : 2$, soit 202 fr. 50 Dans la réalité, la disproportion sera vraisemblablement encore plus forte. Le prisonnier de maison départementale, étant donné le grand nombre de petites prisons où le travail est peu rémunérateur, quand il ne manque pas, est appelé·à ne pas avoir un gain supérieur à la moyenne. Le prisonnier de maison centrale, au contraire, peut être affecté à l'atelier de 2 francs ou de 3 francs, ce qui porterait son gain annuel à 600 : 2, soit 300 francs; ou à 900 : 2, soit 450 francs.

D'après le Code pénal, le produit du travail, réparti en pécule disponible et en pécule réservé, peut avoir deux destinations principales: procurer au détenu des adoucissements en cours de peine, c'est-à-dire modifier à son profit le régime alimentaire de la prison; mettre à sa disposition à sa sortie une certaine somme qui lui permette de chercher du travail et qui, par là-même, favorise son reclassement dans la société. Sur ces deux points, le détenu de maison centrale est avantagé. Si l'on considère, de plus, qu'au point de vue pénal, l'obligation du travail se recommande tout particulièrement en raison de son caractère moralisateur, on arrive encore à cette conclusion que le condamné à une longue peine est plus favorisé que le prisonnier d'une maison départementale.

Une étude d'ensemble est donc indispensable si l'on veut maintenir l'harmonie nécessaire entre les différentes peines que l'administration fait exécuter.

* *
*

La confection d'un règlement général applicable à tous les établissements pénitentiaires aurait, d'autre part, les avantages que la doctrine s'accorde à reconnaître à toute codification.

Pour les agents d'exécution, l'établissement d'un texte unique faciliterait les recherches et dispenserait de recourir aux dispositions sans nombre éparses aujourd'hui dans des règlements d'administration publique, des décrets simples, des arrêtés réglementaires, des circulaires, des notes de service, des cahiers des charges; ce serait assurer la compréhension des règlements et leur bonne exécution.

Mais c'est surtout en ce qui concerne le fond même du droit que la codification est un procédé fécond.

Par le rapprochement des prescriptions qui règlent des situations analogues, on est conduit à constater et à faire disparaître certaines différences que rien ne justifie. Ainsi, à l'heure actuelle, dans les maisons centrales, chaque condamné devrait prendre deux bains par an ; dans les prisons départementales, le nombre des bains varie suivant l'aménagement des locaux; dans les prisons cellulaires, le détenu se baigne chaque mois; dans les prisons en commun, il se baigne à son arrivée une fois pour toutes. Des différences analogues et aussi peu justifiées se rencontrent pour les bains de pied. Dans les maisons de longues peines, les pieds seraient lavés tous les deux mois; tous les quinze jours dans les maisons de courtes peines.

De même, au cours du travail de codification, les lacunes apparaîtront. On se demandera notamment pourquoi le règlement des maisons centrales fixe le régime alimentaire, tandis que celui des prisons départementales n'en dit rien.

Nous avons indiqué précédemment les raisons de

principe qui s'opposent à la détermination de tout ou partie du régime pénitentiaire par la voie des cahiers des charges. Les inconvénients qui découlent de cette pratique ont été constatés encore cette année par l'inspection. Ils se manifestent surtout à propos du régime alimentaire dans les quelques prisons départementales où les services sont en régie, c'est-à-dire dans la plupart des prisons de la Seine. C'est alors l'arbitraire le plus absolu qui règne. A Saint-Lazare, par exemple, le directeur fait appliquer les dispositions d'un ancien cahier des charges en vigueur au temps où les services économiques étaient à l'entreprise.

L'inspection générale, en décembre dernier, a trouvé dans cette prison 23 femmes qui bénéficiaient d'un régime spécial dit « régime de nourrices ». Ce régime, au lieu d'être individuel et déterminé chaque jour par le médecin (cahier des charges 1893) est le même pour toutes : il comporte 20 centilitres de vin et 450 grammes de viande par jour, soit, par semaine, 3 kilogr. 150, alors que les détenues du régime commun n'ont par semaine qu'une ration de viande de 200 grammes, c'est-à-dire près de seize fois moindre. Or, sur ces 23 femmes, il y en avait plus de la moitié dont les enfants étaient sevrés depuis un temps plus ou moins long, la plupart des bébés ayant deux ou trois ans. Aux termes de cet ancien cahier des charges, la nourrice, en effet, n'est point la femme qui allaite son enfant, mais la femme qui a, avec elle, un enfant de moins de quatre ans, — sans qu'il soit même sûr que cet enfant ne lui a pas été prêté pour qu'elle puisse bénéficier du régime spécial.

A côté des lacunes concernant certaines catégories d'établissements pénitentiaires, il en est d'autres relatives à l'ensemble des prisons et que la rédaction d'un règlement général unique fera nécessairement disparaître. La plus importante concerne le régime disciplinaire.

La loi du 14 août 1885, dans son article 1er, prescrivait qu'un régime disciplinaire basé sur les constatations journalières de la conduite et du travail serait institué dans les divers établissements pénitentiaires de France et d'Algérie, en vue de favoriser l'amendement des condamnés et de les préparer à la libération conditionnelle ; l'article 6 de la loi disposait qu'un règlement d'administration publique déterminerait la forme des permis de libération conditionnelle et les conditions auxquelles ils peuvent être soumis. Ce règlement n'a jamais été rédigé. Dans son rapport d'ensemble de 1904, l'inspection générale avait appelé tout particulièrement l'attention de votre prédécesseur sur cette grosse lacune du régime pénitentiaire. Vous avez bien voulu, en 1907, saisir le comité des inspecteurs généraux de la question par un projet sur les tickets de liberté et l'attribution aux détenus de bons points en vue de l'obtention de la liberté conditionnelle. Le comité a étudié la question dans deux séances d'octobre 1907 et a émis un avis en date du 18 octobre. Jusqu'ici, aucune suite n'a été donnée à cet avis.

Aux termes de l'article 6 susvisé, le règlement d'administration publique devait s'occuper non seulement du régime antérieur à la libération conditionnelle, mais aussi du régime postérieur et organiser la surveillance spéciale des libérés conditionnels. L'avis du comité du 18 octobre 1907 portait également sur ce point. Le passage y relatif est ainsi conçu :

« La question la plus importante et dont la solution s'impose avant toute autre réforme est une nouvelle organisation du patronage. Les directeurs des circonscriptions et établissements pénitentiaires doivent être appelés à prêter un concours analogue à celui qui a été obtenu, dans le même but, de leurs collègues, les directeurs de maisons d'éducation correctionnelle.

» Ces fonctionnaires resteront directement ou indirectement en rapport avec le libéré conditionnel, de manière à pouvoir prévenir immédiatement l'autorité des premiers manquements aux conditions imposées dans l'arrêté de mise en liberté avant l'expiration de la peine.

» Même dans le cas d'interdiction de séjour, cet arrêté ne devrait apporter aucun obstacle au choix d'une résidence où le libéré trouverait plus facilement à exercer sa profession.

» L'émigration elle-même mérite d'être facilitée comme elle a toujours été encouragée en Irlande pour les « tickets of leavmen ».

» Des personnes dignes de confiance pourront être désignées pour correspondre avec les directeurs au sujet des libérés. Leur collaboration serait utilement rémunérée, comme le seront les « probation officiers » de l'act du 21 août 1907, qui exercent précisément ces fonctions dans le Royaume-Uni. »

Appelé par le décret organique du 20 décembre 1907 à signaler les réformes de réglementation dont la dernière tournée lui a montré la nécessité, le comité croit devoir à nouveau appeler votre attention sur l'inexécution des articles 1 et 6 de la loi du 14 août 1885. En s'abstenant de rédiger les règlements sans lesquels la libération conditionnelle ne peut être ni accordée aux meilleurs, ni retirée à ceux qui s'en montrent indignes, l'administration enlève à la réforme pénitentiaire de 1885 une grande partie de son effet utile et de sa portée sociale : la libération conditionnelle, pratiquée au jugé, risque de ne pas atteindre le but visé par le législateur, mais simplement d'énerver la répression.

La codification des textes réglementaires aura par ailleurs l'avantage de dégager certains principes généraux dont la pratique a montré l'égale utilité dans les établissements de toute catégorie. La règle du silence; celle du costume pénal; la nécessité de fouiller les détenus, tant à leur entrée dans la prison qu'au cours de leur détention; l'obligation d'ôter des chemins de ronde toutes les échelles, planches, bancs mobiles, chaises, baquets ou autres objets pouvant servir à faciliter une escalade; de faire enlever des murs, cours et chemins de ronde, les clous, crampons, crochets et autres points d'attache, de boucher soigneusement les trous et les fentes; de n'appliquer contre les murs ni cages à lapins, ni arbres fruitiers, ni autres objets uniquement destinés à l'agrément des gardiens; la défense faite aux agents qui habitent l'établissement pénitentiaire de re-

cevoir des détenus dans leurs logements pour leur service particulier, d'accepter d'eux ou de leurs parents
aucun présent : tous ces principes peuvent être cités
au nombre des multiples prescriptions que, sous une
forme ou une autre, on trouve dans les différents règlements pénitentiaires.

Un Code des règlements permettra donc de distinguer les prescriptions générales des règles spéciales aux
diverses catégories d'établissements. Par là-même sera
assuré un progrès doctrinal important. Le rapprochement des textes spéciaux obligera, en cours d'étude, à
envisager dans son ensemble chacune des questions dont
la solution sera appelée à varier avec les catégories d'é-
tablissements. On sera donc amené à établir entre les
régimes une gradation en harmonie tant avec notre système pénal qu'avec la fonction moralisatrice de la peine.
Bien des réformes pourront être ainsi amorcées ou réa
lisées. Pour n'en citer qu'une, celle du régime alimentaire s'imposera par la comparaison du régime disciplinaire des établissements pour adultes et des colonies
pénitentiaires de jeunes garçons (art. 90 et 92 du règlement général du 10 avril 1868, modifié par l'arrêté ministériel du 15 juillet 1899). A l'heure actuelle, les règlements et cahiers des charges applicables aux adultes
prévoient un régime commun peu substantiel : il est
établi de manière à suffire strictement à la subsistance
d'un adulte au repos. Le détenu se trouve donc incité
au travail, désireux qu'il est de se constituer un pécule
et de pouvoir se procurer des adoucissements en em-
ployant une partie de son avoir à l'achat de vivres sup-

plémentaires. Mais, ainsi que nous l'avons vu, il ne dépend pas du détenu d'avoir du travail, et, quand il en a, de choisir une tâche rémunératrice. En fait, la valeur du pécule disponible et la puissance d'achat qui en résulte ne sont fonction ni de la conduite du détenu, ni de sa valeur morale, ni même de sa catégorie pénale. Le système de la cantine libre conduit à de véritables injustices, pour le moins à des inégalités incompatibles avec un régime pénitentiaire rationnel.

L'expérience semble condamner le système de cette cantine, qui n'est ni juste ni moralisateur. Le comité des inspecteurs généraux estime qu'il devrait être remplacé par un système analogue à celui des tables de récompenses en usage dans les colonies d'enfants. Plusieurs classes de tables, ou des régimes différents, seraient instituées et les détenus seraient appelés à participer à telle ou telle classe, non par suite de circonstances extérieures et en raison de sommes inscrites à leur pécule, mais d'après leur conduite et en tenant compte à la fois de leur passé et des marques d'amendement qu'ils auraient manifestées. On supprimerait ainsi l'une des causes de troubles (1) les plus importantes au point de vue disciplinaire. De même, des limitations seraient à apporter à l'infliction des amendes qui, en dépassant certaines limites, en arrivent à supprimer toute cantine.

Le règlement général ainsi codifié devrait être rendu sous la forme d'un décret portant règlement d'adminis-

---

(1) La mutinerie de Riom (1908) a été causée par l'insuffisance de la cantine, insuffisance due à la rémunération peu élevée du travail.

tration publique. Le législateur ayant prévu un acte de ce genre pour certains points spéciaux (L. 1875 : régime des maisons cellulaires. — L. 1885 : régime antérieur en vue de la libération conditionnelle. — Code pénal, art. 41 pécule correctionnel), cette procédure s'impose pour le règlement tout entier.

L'intervention du conseil d'Etat aura encore l'avantage d'éliminer du décret réglementaire toutes les dispositions qui ne se borneront pas à poser des principes et de renvoyer au règlement particulier de chaque prison les prescriptions d'ordre secondaire.

§ 2. — Règlement particulier a chaque prison

La nécessité d'un règlement particulier a toujours été reconnue. Avant 1841, il n'existait même que des règlements de cette espèce. Sur les instances de l'inspection générale, une réglementation d'ensemble fut établie le 30 octobre 1841 pour les maisons en commun, le 1ᵉʳ septembre 1843 pour les maisons cellulaires. Mais ces deux arrêtés prescrivaient, à titre de complément, la rédaction de règlements intérieurs.

L'article 128 de l'arrêté de 1841 était ainsi conçu : « En outre des prescriptions contenues dans le présent règlement général, un règlement particulier déterminera pour chaque prison départementale toutes les mesures d'ordre, de discipline, de propreté et de salubrité, ainsi que toutes les mesures de police locale et de détail qui pourront y recevoir leur exécution. Ce règlement, proposé par la commission de surveillance et arrêté par le préfet, sur l'avis du maire et celui du sous-préfet,

sera, avant son exécution, soumis à l'approbation du
ministre de l'Intérieur. Il sera, après cette approbation,
imprimé et distribué à chacun des membres de la commission de surveillance et à tous les gardiens. »

L'article 30 de l'arrêté du 1ᵉʳ septembre 1843 disposait, d'une façon analogue, pour les prisons cellulaires :
« En outre des prescriptions contenues dans le présent
règlement spécial, et de celles du règlement général du
30 octobre 1841, qui sont applicables à l'emprisonnement individuel, un règlement particulier déterminera,
pour chaque prison départementale soumise à ce régime, toutes les autres mesures d'ordre, de discipline,
de propreté et de salubrité, ainsi que toutes les mesures
de police et de détail qui pourront y recevoir leur application et qui doivent toutes être combinées de telle sorte
que, en tous cas et pour toujours, le principe de la séparation continue des détenus entre eux soit invariable-
ment observé et maintenu. En conséquence, le règlement
particulier déterminera notamment : les heures du lever
et du coucher des détenus; les heures de leurs repas,
ainsi que le mode de distribution individuelle des vivres; les heures des offices et autres exercices religieux,
ainsi que la manière dont les détenus y assisteront sans
se voir, ni sortir de leurs cellules; les heures et la durée
des promenades individuelles, ainsi que l'ordre dans lequel elles auront lieu; les soins de propreté individuelle
et autres auxquels chaque prisonnier sera astreint
dans sa cellule. Ce règlement, proposé et arrêté ainsi
qu'il est dit en l'article 128 du règlement général, sera,
avant son exécution, soumis à notre approbation. »

Le projet du 8 avril 1881, destiné à modifier le règlement de 1843, ne contenait rien d'analogue, mais l'obligation d'établir un règlement particulier à chaque prison, par application de la disposition générale contenue en l'article 35, était maintenue. De plus, divers articles du projet (notamment l'article 32 et l'article 5, § 2) en prévoyaient l'existence.

Quand le décret du 11 novembre 1885 a remplacé l'arrêté ministériel du 30 novembre 1841, l'obligation d'établir un règlement particulier à chaque prison a été renouvelée en ces termes par l'article 95 : « Par addition aux dispositions générales contenues dans le présent règlement, un arrêté du préfet, rendu après avis de la commission de surveillance, sur la proposition du directeur de la circonscription, déterminera les mesures d'ordre intérieur et de police locale et les détails du service qu'il sera nécessaire de prescrire dans chaque prison ; cet arrêté sera soumis à l'approbation ministérielle. »

En dépit de ces injonctions réitérées, et quoi qu'il ait été dit dans une publication officielle (1), les règlements particuliers n'ont pas été rédigés. Chaque année, l'inspection générale constate leur absence.

En 1908, à la suite de diverses missions spéciales, des membres de l'inspection générale ont signalé les inconvénients que cette situation comporte au point de vue de la discipline. Le changement du gardien-chef

(1) L'Œuvre pénitentiaire, par M. L. Herbette, conseiller d'Etat, directeur de l'administration pénitentiaire, président de la commission pénitentiaire internationale, page 105. Melun. Imprimerie administrative. 1891.

ou du directeur entraîne parfois une aggravation dans le service de garde. Des mesures très légitimes, telles que la réglementation des rondes de nuit et l'obligation de procéder quotidiennement à plusieurs fouilles provoquent des récriminations de la part du personnel.

Ce mécontentement ne se serait pas produit si les prescriptions édictées avaient eu le caractère d'un règlement, dûment étudié par les autorités compétentes, au lieu de sembler émaner de la volonté capricieuse d'une individualité. A d'autres points de vue, dans l'intérêt de l'ordre, il importerait que les règlements intérieurs précisassent l'étendue des obligations du personnel subalterne. Bien des incidents, préjudiciables à la discipline, seraient évités si les gardiens connaissaient la limite exacte de leurs obligations.

La sécurité de la prison serait également mieux assurée si l'on ne s'en remettait pas à l'arbitraire des agents d'exécution. Dans bien des cas, les gardiens-chefs laissés à eux-mêmes n'osent pas imposer à leurs subordonnés des rondes assez fréquentes, ou réunissent dans les préaux et les ateliers prévenus et condamnés, récidivistes et primaires, dans le seul but de simplifier le service de surveillance. Ailleurs, au contraire, « ils imposent des règles d'une rigueur telle que la discipline n'est obtenue qu'au détriment d'une partie de la liberté à laquelle ont encore droit les détenus » (1).

Les règlements intérieurs tendraient donc à assurer une certaine uniformité de régime, en supprimant les

(1) Voir rapport d'ensemble de 1902.

différences d'interprétation du règlement général. D'autre part, ils solutionneraient toutes les questions d'ordre local que les textes ne peuvent régler. C'est à eux notamment qu'il appartient de décider si l'aménagement de la maison exige, comme à Pontoise (Seine-et-Oise), comme à la Roche-sur-Yon (Vendée), qu'une seconde porte de la détention ne soit ouverte qu'avec certaines précautions. Les roulements dans le service de garde, les jours et heures du parloir, les heures de lever et de coucher, les détails du régime alimentaire, en un mot, toutes les questions qui tiennent soit aux plans et à l'état de l'immeuble, soit à l'importance et à la qualité du personnel, soit aux conditions de vie de la contrée, seront également fixées par les règlements intérieurs.

La confection de ces règlements ne présenterait plus le danger relevé avant 1840. L'unité du régime pénitentiaire sera assurée par la nécessité de faire examiner les projets de règlements par le comité des inspecteurs généraux (art. 4 du décret du 20 décembre 1907) et de les soumettre, avant leur mise en exécution, à votre approbation.

TROISIÈME PARTIE

RÉGIME DES PRÉVENUS

Aux termes des règlements, le régime des prévenus diffère sensiblement de celui des condamnés. Pendant la prévention, les détenus ne sont astreints ni au travail, ni au port du costume pénal, ni à la coupe de la barbe et des cheveux. Ils jouissent, d'autre part, de prérogatives spéciales, notamment au point de vue des visites, de la correspondance, du coucher, de l'usage du tabac, du régime alimentaire, etc.; ils peuvent même faire venir leurs repas de l'extérieur. Enfin, ceux qui ne restent pas oisifs touchent les sept dixièmes du produit de leur travail.

Ces privilèges, à l'époque où ils ont été établis, n'étaient que trop justifiés. L'incarcération créait entre les prévenus une inégalité choquante : il importait que cette mesure de sûreté fût adoucie le plus possible. Mais depuis, est intervenue la loi du 15 novembre 1892, aux termes de laquelle, d'office et sauf décision contraire contenue dans le jugement ou dans l'arrêt, la prévention est imputée intégralement sur la durée de la peine. Le temps passé sous le régime de la prévention compte donc comme exécution de peine. Il s'en est suivi un

changement radical dans l'attitude des détenus en prévention.

Les prévenus qui s'attendent à une condamnation,
surtout si le délit ou le crime pour lequel ils sont poursuivis doit leur faire encourir une longue peine d'emprisonnement, la réclusion ou les travaux forcés, épuisent
tous les artifices de procédure afin de prolonger de façon
anormale la durée de la prévention. Aussi, depuis 1892,
la proportion des prévenus par rapport aux condamnés
n'a cessé d'augmenter.

En 1891, il y avait 6,546 prévenus pour 23,674 condamnés, soit environ un quart.

En 1893, il y avait 7,114 prévenus pour 13,376 condamnés, soit environ la moitié.

En 1906, il y avait 5,252 prévenus pour 7,052 condamnés, soit environ les trois quarts.

Il arrive même fréquemment qu'au moment où la condamnation devient définitive, la peine se trouve complètement terminée, ou tout au moins exécutée pour la
plus grande partie.

Les pratiques ingénieuses nées de la réforme de 1892
ont pour résultat de créer une inégalité manifeste dans
l'application de la peine entre deux catégories de condamnés, suivant qu'au cours de la prévention ceux-ci
ont été laissés en liberté ou incarcérés. Elles ont, d'autre part, l'inconvénient de prolonger le séjour des détenus dangereux dans les maisons de courtes peines qui
n'offrent pas toujours une grande sécurité contre les
évasions.

Pour remédier à cet état de choses, le procédé le plus

efficace serait de n'imputer la prévention sur la durée de la peine que si le détenu a consenti à subir le régime pénal. Ce régime devrait d'ailleurs être légèrement modifié à son égard dans la mesure où les nécessités de l'instruction et la préparation de la défense le nécessiteraient.

Les prévenus qui choisiraient ce régime seraient par là-même soumis à certaines obligations. Actuellement, il dépend de leur caprice de travailler ou non. Il est inadmissible qu'un détenu, après avoir réclamé du travail, refuse ensuite de le faire pour en réclamer à nouveau peu après. Il y a là une question de discipline. L'administration ne peut être ainsi à la disposition de détenus plus ou moins fantasques.

Le choix fait par le prévenu doit avoir une certaine durée : il doit valoir, soit pour toute la prévention, soit pour une certaine période à déterminer.

RÉGIME DES DETTIERS

D'après les règlements en vigueur, le régime des individus qui subissent la contrainte par corps varie selon
que le recouvrement de la dette, cause originaire de
l'incarcération, intéresse l'Etat ou un particulier.

Quand il s'agit du non-payement, soit d'une amende,
soit de frais dus à l'Etat, en matière correctionnelle, le
dettier est placé sous le régime des condamnés.

Quand il s'agit de restitution, d'indemnités, de frais
dus à des particuliers ou de la contrainte exercée contre un failli, en exécution des articles 455 et suivants
du Code de commerce, c'est au contraire le régime des
prévenus qui est appliqué.

Toutefois, dans aucun cas, le dettier n'est tenu de
revêtir le costume pénal; non soumis à l'obligation du
travail, il jouit, lorsqu'il s'y astreint, d'un régime de
faveur et touche les sept dixièmes du produit.

Au point de vue des principes, le régime de faveur
ne se justifie guère, au moins dans l'hypothèse où la
contrainte par corps constitue un simple mode d'exécution d'une condamnation à l'amende.

Dans la pratique, il aboutit à des résultats tout au
moins curieux. Il permet à certains individus ingénieux
de se procurer des moyens d'existence réguliers. Dans

la région de Blois et de Romorantin (Loir-et-Cher), il en est qui se font arrêter pour contrebande d'allumettes. Au besoin, ils enlèvent eux-mêmes sur les boîtes l'étiquette des contributions indirectes avant d'aller se faire arrêter par la gendarmerie. L'opération est avantageuse pour les deux parties. Le gendarme touche une gratification de 15 francs. Le contrebandier est dirigé sur une prison où s'exerce l'industrie du chausson. Habile ouvrier, il arrive à gagner 1 fr. 50 par jour, sans grand effort. S'il était resté en liberté, il n'aurait pas trouvé à exercer ses aptitudes : la prison où il est détenu est, en effet, en quelque sorte, l'unique fabrique de chaussons de la contrée.

La loi fait un sort spécial aux délits fiscaux; la répétition des actes de contrebande ne constitue jamais une récidive. Indéfiniment, et quel que soit le nombre de ses condamnations, le dettier continue donc à bénéficier des 7 dixièmes du produit de son travail.

Il y aurait, semble-t-il, intérêt à étudier sur ce point une modification de la loi et des dispositions réglementaires.

Pour les délits de chasse, l'application des règles suivies conduit à des conséquences également fâcheuses.

Pour se conformer aux instructions de la chancellerie, le parquet ne poursuit pas d'office les braconniers. C'est le propriétaire de la chasse qui défère les délinquants aux tribunaux; une fois la condamnation à l'amende et aux dommages-intérêts intervenue, c'est encore à sa requête que le braconnier, soi-disant insolvable, est incarcéré. Pour obtenir l'internement, le proprié-

taire est obligé de verser une provision qui, aux termes
de l'article 6, paragraphe 2 de la loi du 22 juillet 1867,
est fixée à 45 francs pour Paris; 40 francs pour les
villes de 100,000 habitants et au-dessus, et 35 francs
pour les autres villes.

En province, quand l'intégralité de la somme consi-
gnée n'a pas été dépensée par le détenu, quelques gardiens, au lieu de remettre le surplus au consignataire,
le versent au dettier au moment de sa libération. C'est
créer en sa faveur un avantage pécuniaire. Dans les
villes où les prix payés à l'entrepreneur des services
économiques est de 62 centimes et le montant de la consignation 1 fr. 30 par jour, c'est d'une somme de 68
centimes par jour, soit 6 fr. 80 pour dix jours que
pourra bénéficier le dettier s'il n'a fait aucune dépense
de cantine et s'est contenté du régime alimentaire.

L'administration justifie cette manière de faire en
s'appuyant sur l'arrêté ministériel du 4 novembre 1820.
L'article 2 dispose, en effet, que « la consignation alimentaire doit être remise aux détenus pour dettes, par
dixième tous les trois jours ».

L'administration en conclut qu'à l'expiration de chaque période de trois jours, le dettier acquiert un véri-
table droit de propriété sur l'intégralité du dixième
versé.

Une analyse approfondie des textes conduit à une
conclusion opposée. On a fait observer avec raison que
l'arrêté ministériel de 1820 régissait une situation différente. A cette époque, la majorité des incarcérations
était obtenue pour l'exécution de dettes commerciales,

tandis qu'aujourd'hui elles sont toutes demandées pour réprimer certaines infractions aux lois pénales qui ne permettent pas d'autres sanctions efficaces.

Le texte qui régit actuellement la matière est la loi du 22 juillet 1867. L'article 6 de cette loi précise que la somme versée est une provision, une consignation, autrement dit un dépôt de garantie. Il suffit, par suite, d'appliquer les règles juridiques du dépôt pour dénier à l'administration le droit d'user de la somme versée autrement que pour sa destination, c'est-à-dire pour assurer la subsistance du dettier au cours de son incarcération. Elle ne peut, à aucun degré, faire une libéralité avec l'argent du consignataire.

DES DÉTENUS EMPLOYÉS AUX SERVICES GÉNÉRAUX

Le choix des détenus employés au service général n'est pas torujours motivé par des raisons pénitentaires ; dans bien des cas, le gardien-chef se préoccupe, avant tout, des aptitudes des prisonniers : à vrai dire, ce sera seulement le jour où l'installation de prisons à plus grand effectif aura rendu possible la mise en vigueur des régimes gradués, que l'affectation au service général pourra être réellement réservée aux sujets reconnus les moins dangereux.

Dans l'état actuel, on ne comprend pas que ce traitement de faveur se cumule avec certains avantages accordés par la loi à des détenus moins privilégiés. Ainsi, dans les maisons cellulaires, les détenus employés au service général ont droit à la réduction du quart, au même titre que leurs compagnons soumis effectivement à la séparation individuelle. Cette réduction ne se justifie pas dans l'état actuel de l'organisation pénitentiaire. Elle paraît opposée à l'esprit qui a animé les rédacteurs de la loi de 1875.

Cette pratique est d'ailleurs relativement récente. Dans le rapport au ministre qui précédait l'instruction ministérielle du 3 juin 1878, il était dit, en effet : « La chancellerie a décidé constamment, dans toutes les espèces qui lui ont été soumises, et rappelé dans une lettre de principe du 16 juin 1877, que le condamné qui, même dans une prison déclarée cellulaire, est en communication avec ses codétenus pour l'exercice des fonctions à lui conférées par l'administration, ne bénéficie pas de plein droit de la réduction du quart. En effet, cette réduction est accordée par les articles 1 à 4 de la loi du 5 juin 1875, au profit seulement des prisonniers qui sont *séparés pendant le jour et la nuit*. Il en est ainsi notamment des contremaîtres, ouvriers des magasins industriels, auxiliaires, etc., etc... »

CONDAMNÉS AVEC SURSIS ET CONDAMNÉS A UNE PEINE D'EMPRISONNEMENT INFÉRIEURE A LA DURÉE DE LA PRISON PRÉVENTIVE

L'inspection générale a déjà eu l'occasion de rappeler la nécessité du registre d'audience, sur lequel le représentant du ministère public qui occupe le siège inscrit les condamnations prononcées. Ces mentions n'excluent pas, dans certains cas, l'usage des ordres de mise en liberté; par exemple, lorsque par l'effet de l'imputation de la prévention, la peine est déjà subie au moment où elle est prononcée, ou lorsque le condamné a obtenu le bénéfice de la loi de sursis.

Tant que courent les délais pendant lesquels le ministère public peut user de son droit d'appel contre le condamné placé dans l'une ou l'autre de ces situations, le mandat judiciaire qui a motivé l'incarcération conserve toute sa valeur. Si l'appel est exercé, le mandat prend même une force nouvelle : conformément à l'article 207 du Code d'instruction criminelle, le détenu maintenu sous les verrous doit être transféré à la maison d'arrêt du lieu où siège la cour d'appel. La levée d'écrou ne peut donc être régulièrement effectuée après le jugement d'acquittement, ou après le jugement de condamnation à une peine d'emprisonnement inférieure à la durée de la prévention, que si le ministère public a renoncé expressément à user du droit d'appel.

La cour d'appel d'Agen, il y a déjà quelques années, et plus récemment la cour de cassation, ont indirectement blâmé les gardiens-chefs, qui, se conformant aux simples indications du registre d'audience, mettent en liberté des condamnés rentrant dans l'une des deux catégories visées.

En attendant le vote des projets de loi déposés à la suite de la dernière de ces décisions judiciaires, il serait opportun d'adresser aux gardiens-chefs des instructions détaillées.

COMMISSIONS DE SURVEILLANCE

Les commissions de surveillance près les maisons d'arrêt, de justice et de correction, ont été réorganisées par un décret en date du 12 juillet 1907. Ce décret s'applique également aux maisons centrales dont les commissions de surveillance, créées par l'ordonnance du 5 novembre 1847, n'avaient jamais fonctionné.

Il ne semble pas que les nouvelles commissions des maisons d'arrêt soient appelées à avoir beaucoup plus de vitalité que les anciennes. Déjà, en 1908, un très grand nombre ne pouvaient se plier aux conditions prévues par le décret organique.

En ce qui concerne les commissions intituées près les maisons centrales, l'expérience est encore trop récente pour qu'on puisse avoir une idée exacte des services qu'elles peuvent rendre et de la durée qu'elles pourront avoir. Il est toutefois un danger à éviter, c'est que certaines d'entre elles ne soient amenées, au grand détriment de la marche des services pénitentiaires, à sortir de leur rôle.

Le nouveau décret a eu soin de donner aux autorités administratives et judiciaires une influence prépondérante dans les commissions. La même préoccupation avait d'ailleurs inspiré la réglementation antérieure. Or, un grand nombre de maisons centrales (Clairvaux, Fontevrault, Poissy, Thouars) sont situées loin du chef-lieu du département et de la cour d'appel. Dans la pratique, le préfet, le président ou le procureur général près la cour d'appel, le président et le procureur de la République près le tribunal de première instance et les deux magistrats désignés par la cour, ne se rendent presque jamais aux séances mensuelles : celles-ci, quand elles ont lieu, réunissent uniquement, parmi les membres à la nomination du préfet, ceux qui habitent la localité ou une commune voisine. La physionomie de la commission de surveillance s'en trouve dénaturée. Les membres étrangers à la magistrature et à l'administration sont livrés à eux-mêmes et privés de la direction et des conseils de leurs collègues, plus familiarisés avec les questions pénitentiaires.

Aussi n'ont-ils pas toujours une idée exacte de leurs attributions et se laissent-ils parfois entraîner par des considérations locales ou personnelles.

Près les maisons d'arrêt, quand les membres de droit ne fréquentent pas les commissions de surveillance et que celles-ci survivent néanmoins, il n'est pas rare d'observer une déviation de ce genre. Il y a deux ans, l'inspection a même constaté, dans un département du Nord, que le président d'une commission près d'une prison d'effectif important se servait de ses prérogatives pour recruter, parmi les détenus et les gardiens, une clientèle pour le débit de vins qu'il tenait en ville. Des abus de ce genre sont d'autant plus à craindre que l'établissement pénitentiaire est plus important et que la commune où il est situé est plus petite (1). Dans ces localités,

_____

(1) V. ce qui est dit ci-dessus de certaines maisons centrales.

les agents du personnel de garde constituent un facteur électoral peu négligeable. Des commissaires, animés d'ambitions politiques, peuvent être conduits, au grand détriment de la discipline, à dépasser leur mission de simple surveillance et à se constituer en pouvoir occulte en face du directeur.

Ces inconvénients pourraient être évités en rendant obligatoire la présence de tous les membres de droit ou tout au moins en les astreignant à se faire, en cas d'empêchement, suppléer par un collègue.

PERSONNEL

Divers projets relatifs au personnel étant à l'étude, il serait inopportun de procéder à un examen d'ensemble de la situation des gardiens. Il convient d'attendre la mise en pratique de la nouvelle réglementation.

Il est toutefois quelques points de détail qui appellent dès maintenant une observation spéciale.

§ 1ᵉʳ. — TENUE D'ÉTÉ

Aux termes d'une décision ministérielle du 23 juillet 1892, l'uniforme des gardiens se compose principalement d'une vareuse-dolman bleu foncé et d'un pantalon soit en drap gris, soit en treillis de linon et de chanvre.

Il est formellement interdit aux agents d'apporter la moindre modification à l'uniforme, même à l'intérieur de la prison et même en été.

L'inspection a été saisie des doléances des agents, principalement de ceux en fonctions dans la région du Midi. Ces doléances paraissent justifiées.

Le cahier des charges de 1893 fait pour les détenus une différence entre la tenue d'hiver et la tenue d'été. Les gardiens sont moins favorisés.

L'adoption, pour le personnel, d'une tenue d'été est à recommander.

§ 2. — CONGÉS DES GARDIENS-CHEFS DES PETITES PRISONS

Dans les prisons où le personnel se compose de plusieurs agents, ceux-ci, à l'exception toutefois du gardien-chef, bénéficient de congés assez fréquents. Dans la mesure où l'intérêt du service le permet, le nombre des jours de sortie est équivalent à celui des jours de repos annuels assurés aux ouvriers et employés par la loi du 13 juillet 1906.

Les gardiens-chefs ne bénéficient pas de ce régime de faveur. Bien plus, il leur est difficile d'obtenir la permission de s'absenter, en raison des difficultés pratiques que rencontrent les directeurs de circonscriptions pénitentiaires à les faire suppléer, et à assurer le service dans le quartier de femmes lorsque la surveillante demande à jouir de son congé en même temps que son mari, qui est d'ordinaire le gardien-chef.

Certains, au moment de la dernière tournée, n'avaient pas quitté la prison depuis un certain nombre d'années.

Dans la réglementation du repos hebdomadaire que prépare l'administration, cette situation digne d'intérêt pourrait être envisagée.

§ 3. — Gardiens commis-greffiers

Depuis quelques années, l'usage s'est introduit de diminuer le nombre des teneurs de livres et d'augmenter celui des gardiens commis-greffiers.

D'après les résultats de l'expérience, il ne semble pas qu'il y ait lieu de se féliciter de cette innovation.

L'accession du personnel de garde et de surveillance aux fonctions administratives, même les plus hautes, du cadre pénitentiaire, pouvait justifier la confusion des services de surveillance avec les services du greffe et de la comptabilité dans les grands établissements. Mais l'école supérieure, créée dans le but de faciliter au personnel de garde le passage dans les bureaux, ayant été supprimé, il serait préférable de renoncer à emprunter, pour la tenue des écritures, une partie du personnel numériquement indispensable au service de garde.

L'utilité de gardiens commis-greffiers ne se fait sentir que dans les maisons de courtes peines à grand effectif. Sa présence permet alors au gardien-chef de s'occuper de la détention, au lieu d'être immobilisé dans son greffe par les mouvements incessants de l'écrou.

Les gardiens commis-greffiers sont appelés à devenir gardiens-chefs. Il n'est pas sans inconvénient de placer à la tête d'établissements, quelquefois difficiles, les gardiens qui auront fait leur carrière dans les bureaux.

Le passage par l'emploi de gardien commis-greffier étant imposé pour arriver aux fonctions de gardien-chef, il semblerait assez logique d'en faire un grade intermédiaire au-dessus du premier gardien, puisqu'un examen, qui a la valeur d'un concours, en défend l'accès à tout agent n'ayant point une instruction et une capacité professionnelle suffisantes.

La mesure critiquée est appelée à avoir également des répercussions fâcheuses sur le recrutement des emplois administratifs supérieurs des maisons centrales et établissements assimilés, recrutement qui se trouve en quelque sorte tari à la base par la suppression progressive des teneurs de livres.

Telles sont les observations générales qu'a motivées, en 1908, l'inspection des prisons départementales et de certaines maisons centrales.

TABLE DES MATIÈRES

MONTPELLIER. — IMPRIMERIE GÉNÉRALE DU MIDI.